JAMIE OLIVER

5 INGREDIENTES MEDITERRÁNEOS

Fotografía de las recetas DAVID LOFTUS

Diseño JAMES VERITY

Grijalbo

— DEDICADO A —

LLOYD HAYES

1983 — 2023

Este año, uno de nuestros queridos graduados del programa de formación Fifteen nos ha sido arrebatado demasiado pronto.

En el equipo de Fifteen nos sentimos consternados por su fallecimiento. Cuando conocí a Lloyd, era un corpulento muchacho de imponente presencia con una alegría desbordante y unas manos grandes que, hasta aquel momento, lo habían metido en más de un lío. Pero estaba decidido a cambiar las cosas: su camino hasta convertirse en un excelente cocinero nos dejó a todos impresionados. Aquellas manos fuertes no tardaron en elaborar los manjares más refinados y exquisitos.

Era sincero, defendía sus ideas y tenía un magnífico espíritu de equipo. Quise ayudarle a abrir su primer restaurante, pero, lamentablemente, el cáncer tenía otros planes. Su increíble progreso desde el día en que lo conocí me reafirmó en la idea de que, para que nuestras comunidades prosperen, es esencial dar a los jóvenes segundas oportunidades, así como el tiempo y las herramientas para lograr el éxito.

Lloyd deja a su mujer, la maravillosa Natasha, y dos niños preciosos, Ashton y Aalayah, que siempre formarán parte de la familia de Fifteen.

Descansa en paz, hermano.

CONTENIDO

COMIDA DELICIOSA Y SABROSÍSIMA

Este libro no estaba del todo planeado. No tenía pensado publicar más libros de *5 ingredientes*, pero he perdido la cuenta de las veces que me lo han pedido, sobre todo Jools, mi mujer. Me dijo que dejara de darle vueltas: «Con lo ocupados que estamos en el día a día, la gente necesita algo así; es el libro del que siempre hablan los padres en la puerta del colegio».

Nunca he sido dado a repetir viejas fórmulas, pero hay que adaptarse a los nuevos tiempos. Hoy en día cocinamos de manera muy diferente a como lo hacíamos hace 50 o incluso 25 años, cuando yo empecé: ahora tenemos que encajar muchas más cosas en nuestras vidas ajetreadas y la tecnología está mucho más presente, algo que nos ha permitido ahorrar tiempo pero también nos lo quita. Además, es propio de la naturaleza humana encontrar la forma más eficiente de ganar tiempo, pero ¡acabamos llenándolo con otras cosas! Con esto en mente, he escrito otro libro de recetas con *5 ingredientes*, esta vez con el toque añadido de basarlo en todos mis viajes por el Mediterráneo: una de las dietas más queridas y respetadas del mundo, donde el protagonismo se lo llevan los sabores excepcionales preparados con sencillez, amor, pasión, cariño y dedicación.

5 INGREDIENTES

A la hora de escribir un libro práctico como este siempre tengo presente al lector. Mi idea es tomarte de la mano y guiarte para que el momento diario de ponerte a cocinar sea divertido, pero complicándote lo mínimo. Al programa de televisión que acompaña a este libro quisimos darle un aire fresco e inspirador y recorrimos algunos de los lugares más increíbles del Mediterráneo, cada uno con su propia cultura y unos sabores realmente extraordinarios. En las siguientes páginas espero transmitirte la esencia real de esos países, ciudades e islas que he visitado, tanto recientemente como a lo largo de mis viajes de los últimos 25 años. El Mediterráneo es una zona bellísima y diversa que abarca al menos 22 países (aunque otros aseguran formar parte de ella) y, si bien son muy distintos, todos tienen en común el mar y sus maravillas. Así pues, he tratado de abarcar con estas recetas muchos de los rincones en los que he vivido experiencias. Aunque son solo la punta del iceberg, espero de verdad que os gusten estas recetas: todo un homenaje a los mejores ingredientes, sabores y combinaciones del Mediterráneo.

TODO UN HOMENAJE A LOS MEJORES INGREDIENTES, SABORES Y COMBINACIONES DEL MEDITERRÁNEO

Para cocinar platos deliciosos y llenos de sabor con solo 5 ingredientes hay que ser una persona de recursos, ingeniosa y ahorrativa, y ese ha sido mi trabajo: trasladar con diplomacia parte de la esencia de diferentes cocinas y llevarlas a casa, a la realidad de los supermercados locales, a tu cocina y, en última instancia, a la mesa familiar llena de barrigas hambrientas. Y eso significa utilizar el sentido común con respecto a los ingredientes que hay disponibles, por lo que en cada receta encontrarás un montón de trucos para potenciar el sabor y que no malgastes ni un céntimo.

Lo creas o no, nunca hemos cocinado tan poco como lo hacemos hoy. La industria alimentaria está orientada a la comodidad y, como la mayoría de nosotros tenemos vidas ajetreadas, es comprensible que nos dejemos llevar por esta comodidad. Así pues, este no es solo un libro de cocina útil y de confianza: es también uno de mis esfuerzos por mantener viva la cocina de una manera más accesible y relevante. En cocina, las habilidades que no usas acaban perdiéndose, y creo que todos somos mejores si mantenemos viva la tradición de cocinar, si seguimos conectados con nuestros ingredientes y agricultores, si sabemos cómo nutrirnos con comidas deliciosas en los buenos y en los malos momentos. Por no hablar de esa agradable sensación que nos invade cuando cocinamos para alguien querido, sabiendo toda la dedicación que hemos puesto en ello.

Lo que quiero conseguir con estas recetas es que adquieras la confianza necesaria para que prepares comidas sencillas, fáciles y deliciosas, pero sin cantidades exageradas de ingredientes, largas listas de la compra o un montón de cacharros para fregar. Son perfectas para principiantes, pero, a juzgar por mi último libro, a muchos cocineros avanzados también les encantará porque, habilidades culinarias aparte, ellos también van escasos de tiempo y tratando de encajar mil actividades en el horario semanal.

En este libro, me he propuesto mantener un diseño muy limpio y que las recetas sean breves y vayan al grano, cada una acompañada de fotos de los ingredientes clave para que puedas empezar a cocinar enseguida. No es un libro para nostálgicos; simplemente he tratado de ofrecer todo un abanico de soluciones deliciosas para comidas y cenas que se puedan llevar a la mesa sin complicarse mucho. He hecho todo lo posible para facilitarte las cosas en cada uno de los pasos y espero que te sirva, que te gusten estas recetas tanto como a mí y, sobre todo, que te transporten al increíble Mediterráneo, y todo a través de solo cinco ingredientes. Mucho amor,

Jamie
x

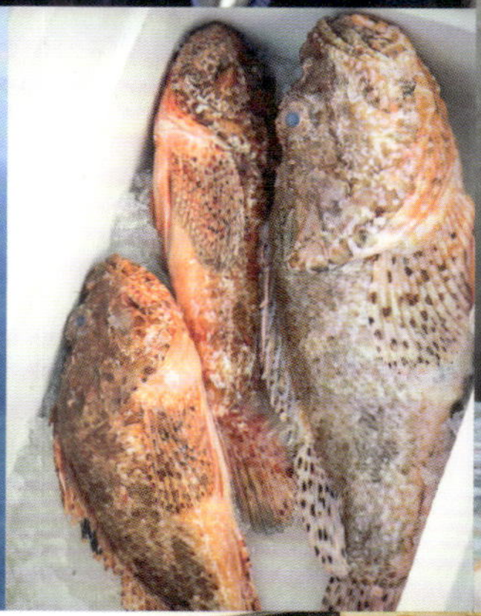

5 LA DESPENSA DE INGREDIENTES

Siguiendo la tónica de mis últimos libros de cocina, siempre doy por hecho que tienes estos cinco ingredientes básicos en la despensa. Aparecen regularmente a lo largo del libro y no se incluyen entre los ingredientes fotografiados en cada página. Me refiero a aceite de oliva para cocinar; aceite de oliva virgen extra para aderezar y rematar los platos; vinagre de vino tinto para aportar acidez y equilibrio a marinadas, salsas y aliños, y, por supuesto, sal marina y pimienta negra para condimentar.

Para notas útiles de cocina, ver página 300.

ENSALADAS

ENSALADA ISLEÑA

MELOCOTÓN EN ALMÍBAR, CRUJIENTE DE HALLOUMI Y PEPINO ENCURTIDO

Siempre que he visitado las islas griegas, me han inspirado las maravillosas ensaladas con halloumi, frescas y afrutadas. Aquí me he divertido añadiendo redecillas de halloumi dorado, que entran solas.

PARA 2 PERSONAS | TIEMPO: 15 MINUTOS

1 pepino

2 panes de pita

415 g de mitades de melocotón en su jugo

120 g de hojas de ensalada variada

60 g de queso halloumi

Con un pelador, cortar el pepino en cintas a lo largo, desechando las semillas del centro, y ponerlas en un bol con una pizca de sal marina y pimienta negra y 1 cucharada de cada de vinagre de vino tinto y aceite de oliva virgen extra. Tostar las pitas, cortarlas en tiras y disponerlas en los bordes de dos platos.

Poner una sartén antiadherente grande a fuego alto. Escurrir los melocotones (reservar el jugo), cortarlos en trozos y echarlos en la sartén con un buen chorro del jugo reservado. Sazonar con pimienta y calentarlos unos minutos. Mientras, mezclar las hojas de ensalada con el pepino encurtido y repartir entre los platos. Echar los melocotones en un bol, limpiar rápidamente la sartén con una bola de papel de cocina y, con el lado fino de un rallador, rallar la mitad del halloumi sobre la sartén. Calentarlo durante 1 o 2 minutos, o hasta que esté dorado por un lado, y volcarlo directamente sobre uno de los platos con la ayuda de una espátula si es necesario. Repetir el proceso con el halloumi restante para el segundo plato. Con una cuchara, echar por encima el melocotón y servir.

CALORÍAS	GRASAS	GR. SAT.	PROTEÍNAS	CARBOH.	AZÚCAR	SAL	FIBRA
361 kcal	15,2 g	6 g	15,9 g	39,8 g	12,3 g	1,3 g	4,1 g

PEACH
SLICES

ENSALADA DE OCRA ASADA

TOMATES A LA PLANCHA, DUKKAH, YOGUR CON ONDAS DE TAHINI

La ocra se encuentra a menudo en los mercados del Mediterráneo oriental en diferentes tamaños y colores. Me encanta asarla en seco, y combinada con el dulzor de los tomates a la plancha queda una ensalada templada estupenda.

PARA 2 PERSONAS | TIEMPO: 12 MINUTOS

250 g de ocra

250 g de tomates cherry maduros de colores variados

4 cucharadas de yogur natural

2 cucharadas de tahini

1 cucharada colmada de dukkah, y un poco más para acompañar

Desechar los extremos de los tallos de ocra y ponerlos en una plancha muy caliente a fuego alto con los tomates cherry, disponiéndolo todo en una sola capa. Cocinar durante 10 minutos, moviendo la plancha con frecuencia; quizá haya que asarlos en varias tandas. Mientras, con una cuchara, echar el yogur en una fuente, crear unas ondas de tahini por encima y sazonar ligeramente con sal marina y pimienta negra. Una vez que la ocra y los tomates estén bien asados y tostados, volcarlos con cuidado en un bol grande. Esparcir por encima la dukkah, añadir 2 cucharadas de aceite de oliva virgen extra y un chorrito de vinagre de vino tinto, mezclarlo bien y sazonar al gusto. Disponerlo encima del yogur con tahini y terminar con una pizca más de dukkah y un chorrito de aceite de oliva virgen extra si se desea.

CALORÍAS	GRASAS	GR. SAT.	PROTEÍNAS	CARBOH.	AZÚCAR	SAL	FIBRA
340 kcal	26,5 g	5,1 g	11,2 g	14,3 g	10,6 g	0,8 g	3,9 g

Yeo
Valley

Alfez
TAHINI

UNA ENSALADA MUY FRANCESA

JUDÍAS ASADAS CON MOSTAZA, QUESO DE CABRA Y NUECES

Me propuse el reto de combinar estos ingredientes franceses clásicos de una manera original y así surgió esta ensalada: judías verdes, queso fundido y el toque intenso del aliño de mostaza. *Voilà!*

PARA 2 PERSONAS, Y SOBRARÁ ALIÑO | TIEMPO: 18 MINUTOS

160 g de judías verdes redondas

1 cucharada de mostaza de Dijon

100 g de rueda de queso de cabra, con corteza comestible

20 g de nueces sin cáscara y sin sal

60 g de canónigos

Poner una sartén antiadherente grande a fuego alto. Limpiar las judías verdes y freírlas en seco 10 minutos o hasta que estén bien asadas y tiernas, removiendo de vez en cuando. Mientras, mezclar en un tarro la mostaza con 4 cucharadas de cada de vinagre de vino tinto y aceite de oliva virgen extra, y una buena pizca de sal marina y pimienta negra. Tapar el tarro y agitarlo bien para emulsionar el aliño (me gusta preparar de sobra y reservarlo en la nevera para otro día). Cuando estén tiernas, echar las judías en un bol grande con 2 cucharadas del aliño y remover bien.

Bajar el fuego a medio, cortar el queso de cabra por la mitad en dos círculos y ponerlos en la sartén con el lado cortado hacia arriba. Trocear las nueces en la sartén alrededor del queso y, cuando estén tostadas y bien doradas, ir echándolas con una cuchara por encima del queso. Tras un par de minutos, el queso empezará a derretirse y a salirse por los lados de la corteza, quedando trocitos crujientes con un centro tierno y delicioso. Apagar el fuego y dejar reposar 1 minuto; mientras, mezclar los canónigos con las judías aliñadas. Repartirlo entre dos platos y, con una espátula, colocar con cuidado el queso de cabra derretido encima.

CALORÍAS	GRASAS	GR. SAT.	PROTEÍNAS	CARBOH.	AZÚCAR	SAL	FIBRA
295 kcal	25,7 g	8,9 g	10,6 g	4,9 g	3,7 g	0,6 g	3,2 g

TESCO
DIJON
MUSTARD

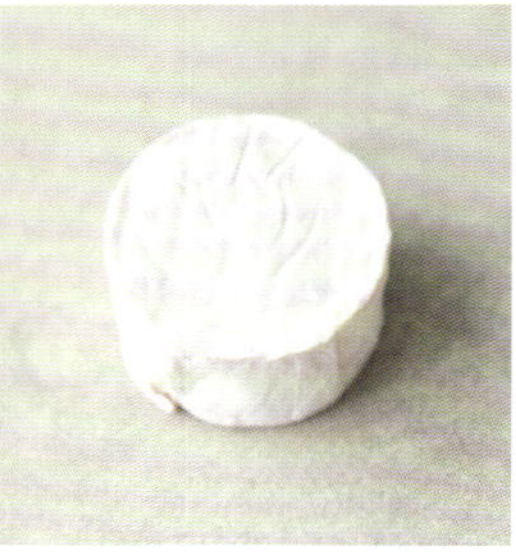

ENSALADA TUNECINA SENCILLA

JUGOSOS TOMATES MADUROS, PEPINO, MANZANA Y MENTA FRESCA

A mis hijos les encanta esta versión minimalista de la ensalada tunecina. Lo tradicional es servirla con atún, huevo duro y aceitunas, que para mí es como una ensalada nizarda con un toque tunecino. Esta es ideal para acompañar pescado a la parrilla.

PARA 4-6 PERSONAS COMO GUARNICIÓN | TIEMPO: 18 MINUTOS

1 cebolla roja pequeña

2 tomates pera grandes maduros

1 manzana verde

1 pepino

1 manojo de menta (30 g)

Creo que la clave de esta ensalada es dedicar un rato a cortar ingredientes cotidianos en daditos para obtener este estupendo resultado final. Pelar la cebolla, cortar los tomates en cuartos y quitarles las semillas, descorazonar las manzanas y limpiar el pepino. A continuación, cortarlo todo en daditos pequeños. Separar del tallo las hojas de menta más pequeñas y reservarlas para decorar, desechar los tallos y picar muy fino el resto. Aliñar la ensalada con 3 cucharadas de aceite de oliva virgen extra y 2 cucharadas de vinagre de vino tinto, sazonar al gusto con sal marina y pimienta negra y esparcir por encima las hojas de menta reservadas. Unos panes planos calientes quedan estupendos como acompañamiento.

CALORÍAS	GRASAS	GR. SAT.	PROTEÍNAS	CARBOH.	AZÚCAR	SAL	FIBRA
132 kcal	10,3 g	1,4 g	1,5 g	8,7 g	7,6 g	0 g	1,9 g

ESPÁRRAGOS A LA PLANCHA

SALSA ESPECIAL DE SALMOREJO, JAMÓN IBÉRICO Y PIMENTÓN

Para elaborar la salsa me he inspirado en el salmorejo, esa clásica sopa española fría y cremosa. La he hecho más espesa, casi como si fuera mayonesa, y acompaña a la perfección a los demás ingredientes.

PARA 4 PERSONAS | TIEMPO: 14 MINUTOS

500 g de espárragos

250 g de tomates cherry de colores variados

150 g de pan de masa madre

100 g de jamón ibérico u otro jamón español de calidad

pimentón ahumado, para espolvorear

Poner una plancha a fuego alto. Romper y desechar los extremos leñosos de los espárragos, introducir los tallos en la plancha y asarlos hasta que estén tiernos y queden marcados, dándoles la vuelta de vez en cuando. Mientras, echar los tomates en el vaso de la batidora (yo los he escogido amarillos y naranjas, pero cualquier combinación funciona bien) con 2 cucharadas de aceite de oliva y una pizca de sal marina y pimienta negra. Retirar la corteza del pan, pasar la miga un momento bajo el grifo, apretarla para escurrir el agua e incorporarla al vaso. Triturarlo con 1 cucharadita de vinagre de vino tinto hasta obtener una textura muy homogénea. Si quedara demasiado espeso, añadir un chorrito de agua. Sazonar al gusto y repartir entre los platos. Colocar encima los espárragos a la plancha, disponer el jamón por encima, rociar con un poco de aceite de oliva virgen extra y espolvorear el pimentón ahumado antes de servir.

CALORÍAS	GRASAS	GR. SAT.	PROTEÍNAS	CARBOH.	AZÚCAR	SAL	FIBRA
247 kcal	10,7 g	2,3 g	14,4 g	24,4 g	5,7 g	1,8 g	3,7 g

ENSALADA DE BULGUR ROJO

ALIÑO DE PIMIENTO ROJO, YOGUR FILTRADO Y VERDURAS DE HOJA VERDE

En todo el Mediterráneo es habitual usar bulgur en diferentes recetas: sopas, guisos, ensaladas... Lo que me gusta de esta es que puede servir de plato único, de guarnición para carne o pescado, o ser parte de un bufé.

PARA 4 PERSONAS | TIEMPO: 30 MINUTOS

500 g de yogur natural

300 g de bulgur

320 g de verduras de hoja verde de temporada, como acelgas, kale o col

460 g de pimientos rojos asados en conserva

1 cucharadita colmada de canela molida

Forrar un colador con unos trozos de papel de cocina, verter el yogur y, a continuación, levantar el papel y presionar suavemente para que el líquido empiece a escurrir sobre un bol. Dejar reposar en la nevera. Mientras, cocer el bulgur en agua hirviendo con sal en una cazuela grande siguiendo las instrucciones del envase. Lavar y limpiar las verduras, según sea necesario, cortando finos los tallos. Echar los tallos en un escurridor, poner una tapa encima y colocarlos sobre la cazuela del bulgur para que se cuezan al vapor. Pasados 5 minutos, añadir las hojas y seguir cociendo al vapor otros 5 minutos o hasta que empiecen a estar tiernas. Extender las verduras sobre un paño de cocina limpio y, cuando se hayan enfriado lo bastante para manipularlas, disponerlas en el centro, envolverlas y apretar el paño bien para escurrir el líquido sobrante. Picarlas finas, sazonarlas al gusto, mezclar con un poco de aceite de oliva virgen extra y reservar.

Mientras, escurrir los pimientos, echarlos en el vaso de la batidora y triturar con la canela y 1 cucharada de cada de aceite de oliva virgen extra y vinagre de vino tinto. Escurrir el bulgur, dejar reposar 5 minutos y verterlo a una fuente. Echar el aliño de pimientos por encima, mezclar bien y sazonar al gusto. Disponer por encima las verduras, echar a cucharadas el yogur filtrado y regar con un chorrito de aceite de oliva virgen extra si se desea.

CALORÍAS	GRASAS	GR. SAT.	PROTEÍNAS	CARBOH.	AZÚCAR	SAL	FIBRA
465 kcal	14,1 g	4,7 g	16,7 g	71,2 g	13,1 g	1 g	6,5 g

Yeo Valley

ENSALADA CREMOSA DE ALUBIAS BLANCAS

BRÓCOLI ASADO, CEBOLLA ENCURTIDA A LAS HIERBAS Y BOQUERONES

El contraste entre unas alubias cremosas y nutritivas y el brócoli asado, unos encurtidos y el punto ácido de los boquerones eleva esta ensalada a un nivel superior; sírvase caliente o fría como tapa, almuerzo ligero o guarnición.

PARA 2 PERSONAS | TIEMPO: 20 MINUTOS

½ manojo de perejil (15 g)

½ cebolla roja

200 g de brócoli bimi

400 g de alubias blancas, tipo cannellini, en conserva

8 boquerones al vinagre

Separar del tallo las hojas del perejil y reservar; picar finos los tallos. Pelar la cebolla, picarla muy fina y ponerla en un bol con los tallos del perejil, 2 cucharadas de vinagre de vino tinto y una pizca de sal marina y pimienta negra. Mezclarlo bien y dejar reposar para que se haga un ligero encurtido.

Poner agua a hervir. Colocar una sartén antiadherente grande a fuego alto. Limpiar el brócoli, cortarlo en ramitos y freírlos en seco por tandas hasta que estén tiernos y bien asados, sirviéndolos en los platos en cuanto estén listos. Aliñarlos con un poco de aceite de oliva virgen extra y sazonar al gusto con sal y pimienta. Verter las judías en la sartén (incluido el líquido de la conserva) y añadir un chorrito del agua hirviendo. Dejar hervir a fuego lento hasta que queden más espesas y cremosas, y echarlas con una cuchara por encima del brócoli. Añadir las hojas de perejil y un toque de aceite de oliva virgen extra a las cebollas, mezclar bien y echarlo por encima del brócoli y las judías. Cortar los boquerones por la mitad a lo largo, disponerlos por encima y terminar con un toque de aceite de oliva virgen extra si se desea.

CALORÍAS	GRASAS	GR. SAT.	PROTEÍNAS	CARBOH.	AZÚCAR	SAL	FIBRA
305 kcal	14,4 g	2,3 g	20,6 g	19,4 g	5,4 g	1,4 g	12,6 g

ENSALADA TEMPLADA CON HALLOUMI

ESCAROLA, ENELDO, HARISSA Y MELOCOTONES CARAMELIZADOS

Para esta receta he escogido ricos ingredientes propios de diferentes partes del Mediterráneo; el resultado es una ensalada templada diferente, una armonía de sabores dulces, ácidos, salados y amargos ideal como plato principal o guarnición.

PARA 4 PERSONAS | TIEMPO: 12 MINUTOS

2 melocotones maduros

225 g de queso halloumi

1 escarola

½ manojo de eneldo (10 g)

1 cucharada de harissa de rosas

Quitar el hueso de los melocotones y cortarlos en trozos de 2 cm, junto con el halloumi. Echar ambos en una sartén antiadherente grande a fuego alto con 2 cucharadas de aceite de oliva y freírlos durante 4 minutos, dándoles vueltas hasta que el halloumi esté dorado por todos los lados. Mientras, limpiar las hojas más blancas y amarillas de la escarola (desechar las más oscuras, que no están tan buenas) y separar del tallo las hojas de eneldo. Echar la harissa en la sartén con 1 cucharada de vinagre de vino tinto. Retirar la sartén del fuego, agregar las hojas de escarola y eneldo (o, si se prefiere una textura más crujiente, disponer directamente las hojas en una fuente y echar por encima el halloumi y los melocotones), sazonar al gusto (si los melocotones no están bien maduros, se puede añadir dulzor con un poco de miel) y servir.

CALORÍAS	GRASAS	GR. SAT.	PROTEÍNAS	CARBOH.	AZÚCAR	SAL	FIBRA
264 kcal	20,8 g	10,4 g	14,3 g	6,1 g	5,2 g	1,8 g	0,3 g

ENSALADA DE SANDÍA

CREMOSA MOZZARELLA, APIO, HINOJO Y TOMATES CHERRY

En esta ensalada inspirada en Cerdeña, de colores y sabores intensos y fácil de preparar, destaca la elegancia del apio y el hinojo; combinados con sandía y mozzarella, el resultado es refrescante y tremendamente delicioso.

PARA 4 PERSONAS COMO PLATO PRINCIPAL O 6 COMO GUARNICIÓN | TIEMPO: 15 MINUTOS

1 apio entero

1 bulbo de hinojo, a ser posible con las hojas superiores

250 g de tomates cherry de colores variados

¼ de sandía (800 g)

250 g de mozzarella de búfala

Retirar las ramas exteriores del apio (guardarlas para otra receta) y sacar y reservar las hojas interiores de color amarillo pálido. Limpiar el resto del apio, cortarlo en rodajas muy finas y echarlo en un bol. Limpiar y cortar en rodajas muy finas el hinojo, reservando las hojas superiores (si las hubiera), partir por la mitad o en cuartos los tomates y añadir ambos al bol. Pelar la sandía, retirando las pepitas más grandes, cortarla en dados de 2 cm e ir añadiéndolos al bol. Mezclarlo todo con una buena pizca de sal marina y pimienta negra, y 2 cucharadas de cada de aceite de oliva virgen extra y vinagre de vino tinto. Repartir la ensalada entre los platos o disponerla en una fuente grande, regándola por encima con el aliño que haya quedado en el bol. Romper por encima la mozzarella, sazonar con más pimienta y esparcir las hojas reservadas de apio y de hinojo (si las hubiera).

CALORÍAS	GRASAS	GR. SAT.	PROTEÍNAS	CARBOH.	AZÚCAR	SAL	FIBRA
197 kcal	12,6 g	6 g	9,3 g	12,6 g	12,5 g	0,7 g	0,5 g

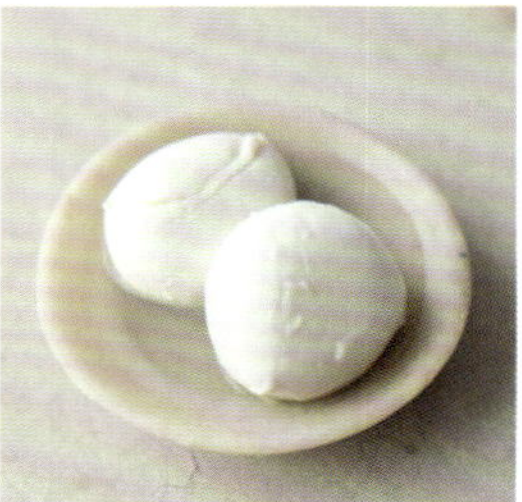

COLES DE BRUSELAS ASADAS

ALIÑO CREMOSO, PICATOSTES Y VIRUTAS DE PARMESANO

Te lo pasarás muy bien preparando esta deliciosa propuesta. He utilizado coles de Bruselas, pero puedes asar de la misma manera otras variedades de col mediterránea como brócoli bimi, kale, coliflor o romanesco.

PARA 4 PERSONAS | TIEMPO: 25 MINUTOS

500 g de coles de Bruselas

50 g de queso parmesano, y un poco más para servir

250 g de yogur griego

½ limón

2 rebanadas gruesas de pan de masa madre

Limpiar las coles de Bruselas, cortarlas por la mitad y asarlas en una sartén antiadherente grande a fuego medio durante 15 minutos o hasta que estén doradas por fuera y bien calientes y tiernas por dentro. Luego, pasarlas a una tabla de cortar. Mientras, rallar fino casi todo el parmesano y mezclarlo con el yogur y el zumo del limón. Sazonar al gusto con sal marina y pimienta negra y servirlo a cucharadas en una fuente.

Poner la sartén a fuego medio-alto. Cortar el pan en dados de 1 cm y tostarlos con un chorrito de aceite de oliva durante 4 minutos o hasta que se doren; durante los últimos segundos, rallar fino por encima el resto del parmesano, removiendo de vez en cuando. Disponer las coles y los picatostes por encima del yogur y terminar con algunas virutas más de parmesano y un chorrito de aceite de oliva virgen extra, mezclándolo todo justo antes de servir.

CALORÍAS	GRASAS	GR. SAT.	PROTEÍNAS	CARBOH.	AZÚCAR	SAL	FIBRA
298 kcal	9,4 g	5,1 g	19 g	36,5 g	6,4 g	0,8 g	4,7 g

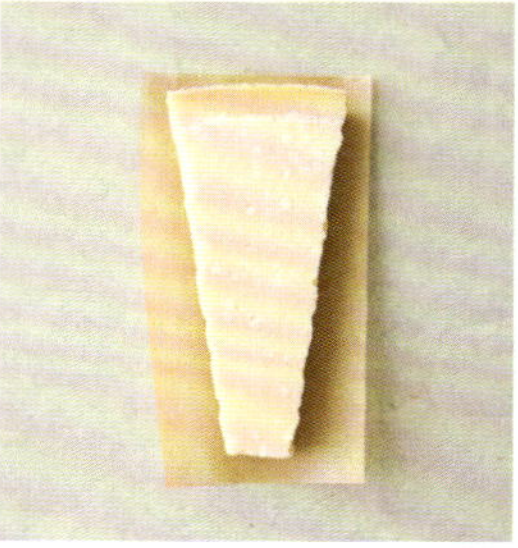

ENSALADA SOFISTICADA DE HIGOS

REQUESÓN, JAMÓN IBÉRICO Y CARAMELO DE MIEL Y DUKKAH

Mis viajes por el Mediterráneo me han inspirado a combinar sabores clásicos como la dukkah de Egipto con el jamón, los higos y la miel tradicionales de España, y el resultado es esta propuesta sorprendente y deliciosa.

PARA 2 PERSONAS | TIEMPO: 20 MINUTOS

4 cucharadas de miel líquida

2 cucharadas de dukkah

250 g de requesón

4 higos maduros

50 g de jamón ibérico u otro jamón español de calidad

Verter la miel en un cazo a fuego medio y dejar que borbotee durante 3 minutos o hasta obtener un caramelo dorado oscuro, evitando la tentación de removerlo, probarlo o tocarlo; solo hay que dar vueltas al cazo con cuidado de vez en cuando. Mientras, pintar ligeramente con aceite un trozo de papel de horno, espolvorear la dukkah en un cuadrado de 15 cm × 15 cm, verter con cuidado el caramelo por encima y dejarlo que se asiente y se enfríe. (Para limpiar el cazo sin mucho esfuerzo, verter 2,5 cm de agua, taparlo y dejar hervir a fuego lento 5 minutos). Cuando se haya enfriado del todo, romper el caramelo y machacarlo en un mortero hasta que quede fino.

Repartir el requesón en dos platos, trocear los higos en cuartos y colocarlos por encima, y terminar con el jamón ibérico. Esparcir por encima unas buenas pizcas del caramelo de dukkah (el resto se puede guardar para otro día en un recipiente hermético) y, como toque final, rociar con aceite de oliva virgen extra.

Nota

Si no apetece hacer el caramelo, se puede sustituir la miel por barritas crujientes de sésamo. Solo hay que machacarlas bien junto con la dukkah (si no se encuentran, consultar la receta de estas barritas en línea).

CALORÍAS	GRASAS	GR. SAT.	PROTEÍNAS	CARBOH.	AZÚCAR	SAL	FIBRA
327 kcal	10,9 g	5,9 g	25,8 g	30,6 g	26,3 g	1,7 g	6,2 g

ENSALADA FATTOUSH A LA PLANCHA

CEBOLLA, PAN DE PITA Y PEPINO, ALIÑO DE ZUMAQUE

La fattoush es una humilde ensalada libanesa, pero en esta receta le he dado un toque un poco radical: he asado el pepino, la cebolla y la pita, para mezclarlos luego con un suave aliño de zumaque.

PARA 4 PERSONAS | TIEMPO: 25 MINUTOS

1 cucharada colmada de zumaque

3 cebollas rojas

2 pepinos

320 g de tomates cherry de colores variados

4 panes de pita

Poner una plancha a fuego alto. Echar 5 cucharadas de aceite de oliva virgen extra y 2 cucharadas de vinagre de vino tinto en una fuente grande poco profunda, sazonar con una pizca de sal marina y pimienta negra, incorporar el zumaque y reservar. Pelar las cebollas, cortarlas en aros de 1 cm de grosor y asarlas a la plancha hasta que estén tiernas y bien doradas por ambos lados. Ir pasándolas a la fuente del aliño con unas pinzas.

Mientras, pelar los pepinos, cortarlos por la mitad a lo largo, rascar con una cucharita las semillas y desecharlas, y partir de nuevo cada mitad en dos (para que quepan en la plancha). Terminada la tanda de cebollas, poner el pepino en la plancha y asarlo hasta que estén marcado. Pasarlo a una tabla de cortar, trocearlo y añadirlo a la fuente. Trocear los tomates en cuartos y echarlos también en la fuente. Cortar los panes de pita en tiras de 1,5 cm y tostarlas en la plancha. Mezclarlo todo bien, sazonar al gusto y servir enseguida.

CALORÍAS	GRASAS	GR. SAT.	PROTEÍNAS	CARBOH.	AZÚCAR	SAL	FIBRA
383 kcal	18,6 g	2,6 g	9,1 g	43,5 g	13,4 g	1 g	8,2 g

ENSALADA DE CALAMARES A LA PLANCHA

BEICON CRUJIENTE, ENDIVIA ALIÑADA Y PAN TOSTADO AL AJO

Las ensaladas no tienen por qué resultar aburridas, y esta, además de divertida, es diferente y rápida de preparar: una especie de baguette estilo mar y montaña con beicon y calamar, un picatoste enorme en un mar de hojas de endivia.

PARA 2 PERSONAS | TIEMPO: 12 MINUTOS

2 lonchas de beicon ahumado

2 dientes de ajo

300 g de calamares enteros limpios

½ barra de pan pequeña de estilo rústico (100 g)

2 endivias

Cortar el beicon en lonchas finas y pelar y cortar el ajo en rodajas finas. Echar el beicon en una sartén antiadherente grande a fuego alto con 1 cucharada de aceite de oliva y freírlo 2 minutos; a media cocción, agregar el ajo y remover con frecuencia. Añadir los calamares y una buena pizca de pimienta negra y cocinar 2 minutos más o hasta que estén tiernos. Cortar los calamares en anillas de ½ cm, picando gruesos los tentáculos, echarlo todo de nuevo a la sartén y remover. Cortar la barra de pan en rebanadas con un ligero ángulo, apartar los calamares a un lado y tostar el pan con los jugos de ajo de la sartén hasta que esté dorado por ambos lados.

Mientras, limpiar y separar las hojas de las endivias, aliñarlas con 1 cucharada de cada de aceite de oliva virgen extra y vinagre de vino tinto y sazonar al gusto. Repartir las hojas de endivia aliñadas entre los dos platos; luego, apilar los calamares y el beicon crujiente encima de las tostadas calientes y colocar las tostadas sobre la cama de endivia.

CALORÍAS	GRASAS	GR. SAT.	PROTEÍNAS	CARBOH.	AZÚCAR	SAL	FIBRA
414 kcal	18,8 g	3,5 g	30,6 g	31,9 g	2,3 g	1,2 g	1,4 g

ENSALADA DE ASAR Y CORTAR

TOMATES MADUROS, ENELDO FRESCO, AJO, GUINDILLA Y PANES PLANOS

En esta receta inspirada en el dagga palestino de Gaza, me encanta que con solo dedicar unos momentos a asar y picar tomates, y siendo generoso con el eneldo y los condimentos, se transforma lo cotidiano en algo extraordinario.

PARA 4 PERSONAS | TIEMPO: 30 MINUTOS

500 g de harina con levadura, y un poco más para espolvorear

6 dientes de ajo

3 guindillas de colores variados

800 g de tomates maduros de colores variados

1 manojo de eneldo (20 g)

En un bol, mezclar la harina con una pizca de sal marina e incorporar gradualmente 300 ml de agua mientras se va removiendo con un tenedor. Pasar la masa a una superficie de trabajo enharinada y trabajarla unos minutos hasta que quede fina; luego, taparla y dejarla reposar. Poner una sartén antiadherente grande a fuego alto. Pelar los ajos y cortarlos por la mitad, partir por la mitad las guindillas (retirar las semillas si se prefiere) y echarlo todo en la sartén. Agregar los tomates, partiendo en dos los más grandes, y en cuanto esté ligeramente asado, pasarlo a una tabla de cortar (si es necesario, trabajar en tandas).

Cortar la masa en cuatro cuartos. Espolvoreando con harina mientras se trabaja, estirar cada cuarto hasta obtener un círculo de 30 cm, doblando hacia dentro los bordes para crear una corteza. Cocinar cada pan en una sartén antiadherente grande a fuego alto hasta que estén dorados e hinchados por ambos lados. Repetir la operación con el resto de la masa, manteniendo los panes planos calientes debajo de un paño limpio hasta la hora de servir. Picar finos el ajo y las guindillas asados y agregar casi todo el eneldo (tallos incluidos) y los tomates. Picarlo y mezclarlo todo hasta obtener la consistencia deseada y sazonar al gusto con sal, pimienta negra, 2 cucharaditas de vinagre de vino tinto y 2 cucharadas de aceite de oliva virgen extra. Servirlo sobre los panes planos y desmenuzar por encima el resto del eneldo.

CALORÍAS	GRASAS	GR. SAT.	PROTEÍNAS	CARBOH.	AZÚCAR	SAL	FIBRA
511 kcal	8,3 g	1,2 g	13,1 g	102,2 g	8,2 g	1,7 g	6,3 g

ENSALADA DE MOZZARELLA

CALABACINES CRUDOS, CRUJIENTES ALCAPARRAS, LIMÓN Y GUINDILLA

Esta ensalada rápida de estilo italiano es ideal para sacar el máximo partido a los calabacines, realzados por dos sabores que acompañan a la perfección: limón y guindilla. Las alcaparras añaden contraste y la mozzarella es una apuesta segura.

PARA 4 PERSONAS | TIEMPO: 10 MINUTOS

2 cucharadas de alcaparras pequeñas en salmuera

2 calabacines firmes de diferentes colores

2 limones

2 guindillas rojas suaves

250 g de mozzarella de búfala

Poner una sartén antiadherente pequeña a fuego medio. Cuando esté caliente, echar un poco de aceite de oliva y las alcaparras, y remover hasta que queden crujientes. Mientras, ir rallando gruesos los calabacines sobre el centro de un paño de cocina limpio. Unir las puntas del paño para formar un hatillo, apretar muy bien para que escurra el líquido sobrante y pasar los calabacines a una fuente de servir. Rallar fina la piel de 1 limón y agregarla, y exprimir por encima el zumo de los dos limones. Rallar o cortar las guindillas en rodajas finas e incorporarlas también. Aliñar con 2 cucharadas de aceite de oliva virgen extra, mezclar bien y sazonar al gusto. Romper la mozzarella por encima de la ensalada, esparcir con una cuchara las alcaparras fritas, echar una pizca más de pimienta negra por encima y servir; queda muy rica tal cual o acompañada de unas rebanadas de pan crujiente.

CALORÍAS	GRASAS	GR. SAT.	PROTEÍNAS	CARBOH.	AZÚCAR	SAL	FIBRA
234 kcal	19 g	9,5 g	13 g	3,6 g	2,9 g	0,9 g	1 g

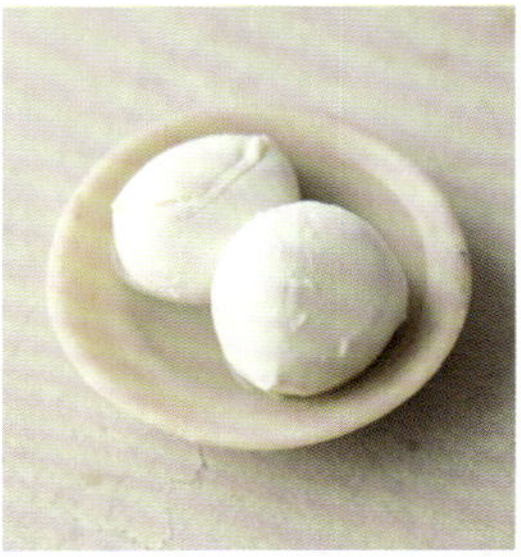

SOPAS Y BOCADILLOS

GAZPACHO VERDE

PEPINO, PIMIENTO, PEREJIL Y PISTACHOS

Esta versión del gazpacho, intensa, fresca y llena de sabor, es un acierto seguro. Resulta perfecta para una comida ligera, un entrante, una cena o para refrescarse en cualquier momento del día.

PARA 4 PERSONAS | TIEMPO: 15 MINUTOS

135 g de pan de chapata

1 manojo de perejil (30 g)

100 g de pistachos sin cáscara y sin sal

1 pepino

2 pimientos verdes

Cortar 8 rebanadas finas de chapata y tostarlas hasta que estén doradas. Trocear el pan restante y ponerlo en el vaso de la batidora. Reservar un poco de cada uno de los demás ingredientes para decorar. Trocear el perejil y el pepino y echarlos en la batidora con los pistachos. Retirar las semillas y el tallo de los pimientos y agregarlos también.

Verter 200 ml de agua fría y 3 cucharadas de cada de aceite de oliva virgen extra y vinagre de vino tinto, y sazonar bien con sal marina y pimienta negra. Triturarlo todo, añadir 300 g de hielo y volver a batir hasta que quede homogéneo; quizá haya que hacerlo en tandas. Probar y rectificar de sal y pimienta si fuera necesario. Al servir, echar por encima la guarnición reservada (pueden dejarse los ingredientes enteros o muy picados según guste) y aderezar con un chorrito de aceite de oliva virgen extra si se desea. Añadir uno o dos cubitos de hielo más también le da un buen toque. Servir acompañado de las tostadas de pan.

CALORÍAS	GRASAS	GR. SAT.	PROTEÍNAS	CARBOH.	AZÚCAR	SAL	FIBRA
244 kcal	14,9 g	2,1 g	6,8 g	21,6 g	4,6 g	0,8 g	2,3 g

TOSTADA CON JUDIONES

CHORIZO FRITO, PEREJIL Y SABROSA SALSA DE PIMIENTOS

Este plato intenso, que saca el máximo partido de sencillos ingredientes de aire español, destaca por ser rápido y lleno de sabor. Aquí los reyes son los judiones y su textura cremosa, que casan a la perfección con el chorizo y la salsa de pimientos.

PARA 4 PERSONAS | TIEMPO: 18 MINUTOS

460 g de pimientos rojos asados en conserva

½ manojo de perejil (15 g)

1 barra de pan pequeña (200 g)

700 g de judiones en conserva

170 g de chorizo

Poner los pimientos en el vaso de la batidora con 1 cucharada del líquido de la conserva. Reservar las hojas del perejil y echar los tallos en la batidora junto con 1 cucharada de aceite de oliva virgen extra. Triturar hasta obtener una textura homogénea y sazonar al gusto con sal marina y pimienta negra. Cortar la barra de pan en 8 rebanadas y tostarlas hasta que estén doradas. Poner una sartén antiadherente a fuego alto. Verter el tarro de judiones (incluido el líquido de la conserva), llevar a ebullición y dejar que reduzca hasta que el líquido haya quedado cremoso, removiendo de vez en cuando.

Mientras, cortar el chorizo en rodajas de ½ cm de grosor, echarlas en una sartén antiadherente y freírlas a fuego medio-alto hasta que estén doradas y crujientes, removiendo de vez en cuando; no tardará mucho. Repartir la salsa de pimientos entre cuatro platos o echarla en una fuente, colocar las tostadas sobre la salsa y, con una cuchara, echar por encima los judiones. Luego, disponer el chorizo y los jugos de freír sobre los judiones. Como toque final, aliñar las hojas de perejil con un poco de aceite de oliva virgen extra y vinagre de vino tinto y echarlas por encima.

CALORÍAS	GRASAS	GR. SAT.	PROTEÍNAS	CARBOH.	AZÚCAR	SAL	FIBRA
468 kcal	17,5 g	4,3 g	23,2 g	53,5 g	9,1 g	1,1 g	9,5 g

SOPA SENCILLA DE PESCADO A LA MARSELLESA

CALDO DE DORADA, HINOJO Y TOMATE, PAN CALENTITO Y MAYONESA DE AJO

Cuando se dispone de un pescado entero, no se necesita demasiado para sacarle partido. Esta receta utiliza cada una de las partes de la dorada para preparar unos filetes que se deshacen y una sabrosa sopa para chuparse los dedos.

PARA 2 PERSONAS | TIEMPO: 45 MINUTOS

1 bulbo de hinojo grande, a ser posible con las hojas superiores

600 g de tomates maduros

1 dorada entera (de 400 g) sin escamas, eviscerada, sin agallas

1 barra de pan pequeña (200 g)

2 cucharadas de mayonesa de ajo

Limpiar el hinojo, reservando las hojas superiores, si las hubiera, en un bol con agua fría. Retirar las capas exteriores y cortarlas en trozos grandes, y cortar el centro tierno en rodajas lo más finas posible. Añadir estas rodajas finas al bol con agua y colocar el resto en una cazuela grande poco profunda a fuego medio-alto con 2 cucharadas de aceite de oliva. Cocinar el hinojo 10 minutos o hasta que empiece a caramelizarse, removiendo con frecuencia.

Trocear los tomates y añadirlos a la cazuela junto con 500 ml de agua. Llevarlo a ebullición, colocar el pescado encima, tapar la cazuela y cocer a fuego lento 10 minutos; a media cocción, darle la vuelta al pescado. Retirar el pescado ya cocido a un plato y dejarlo enfriar un poco; luego, con dos tenedores, sacar los filetes, desechando la piel y las aletas. Devolver las espinas y la cabeza a la cazuela y hervir 5 minutos a fuego vivo. Para extraer todo el sabor posible, verter todo el contenido de la cazuela en el vaso de la batidora y triturar hasta que quede homogéneo; sazonar al gusto. Si es necesario, ajustar la consistencia al gusto con un chorrito de agua, y pasar por un colador grueso antes de servir la sopa en boles calientes. Escurrir el hinojo y aliñarlo con un poco de aceite de oliva virgen extra y vinagre de vino tinto. Servir la sopa con el pan tostado, un poco de mayonesa de ajo, los filetes de pescado y el hinojo aliñado. Terminar con un toque de aceite de oliva virgen extra si se desea.

CALORÍAS	GRASAS	GR. SAT.	PROTEÍNAS	CARBOH.	AZÚCAR	SAL	FIBRA
641 kcal	22,3 g	2,7 g	35,3 g	76,3 g	12,4 g	1,7 g	11,2 g

GARLIC

BOCADILLOS DE TOMATES RELLENOS

QUESO DE CABRA A LAS HIERBAS Y CRUJIENTES ALMENDRAS AHUMADAS

Este humilde plato es un homenaje a los deliciosos tomates de temporada con un toque francés: un cremoso relleno a las hierbas entre pan y pan y con más tomate para mojar.

PARA 2 PERSONAS | TIEMPO: 30 MINUTOS

4 tomates redondos muy maduros (a temperatura ambiente)

20 g de almendras ahumadas

4 ramitas de perejil rizado

70 g de queso de cabra blando

1 barra de pan pequeña de estilo rústico (200 g)

Con la punta de un cuchillo, cortar el tallo de la parte superior de cada tomate y escaldarlos 50 segundos en una cazuela con agua hirviendo. Escurrirlos y lavarlos bajo un chorro de agua fría; luego, pelarlos y desechar las pieles. Sostener un tomate en la mano para que no pierda forma y, con cuidado, vaciar la pulpa con una cucharilla e ir echándola en un colador grueso situado encima de un bol. Repetir con los demás tomates. Pasar la jugosa pulpa por el colador y, una vez en el bol, añadir un dedal de vinagre de vino tinto y sazonar al gusto con sal marina y pimienta negra.

Machacar bien en un mortero casi todas las almendras. Reservar las hojas del perejil y ponerlas en un bol de agua con hielo. Picar finos los tallos y mezclarlos con el queso de cabra y las almendras molidas; diluir la consistencia con un poco de agua. Cortar la barra de pan por la mitad a lo largo y tostarla hasta que empiece a dorarse. Mientras, pasar con una cuchara el relleno de queso a una bolsa de plástico con autocierre, cortar una esquina y usarla a modo de manga para ir rellenando los tomates. Rociar el interior del pan tostado con aceite de oliva virgen extra y colocar los tomates en el pan de base. Escurrir bien el perejil, aliñarlo con un poco más de aceite y ponerlo por encima. Picar finas las almendras restantes, repartirlas por encima, tapar con el otro pan y cortar en bocadillos. Servirlos con la pulpa filtrada de los tomates para mojar.

CALORÍAS	GRASAS	GR. SAT.	PROTEÍNAS	CARBOH.	AZÚCAR	SAL	FIBRA
469 kcal	16,3 g	5,9 g	18 g	60,6 g	9,4 g	1,3 g	5,8 g

SOPA DE CHAMPIÑONES

NOTAS DE CREMA AGRIA, CHAMPIÑONES ASADOS

Esta deliciosa sopa de color oscuro, inspirada en la pequeña pero imponente Montenegro, donde la clave de la cocina está en extraer el máximo sabor de los productos locales frescos, utiliza champiñones de dos formas muy creativas.

PARA 4 PERSONAS | TIEMPO: 30 MINUTOS

4 dientes de ajo

300 g de cebolla, zanahoria y apio picados congelados

750 g de champiñones portobello

1 litro de caldo de verduras o de pollo

4 cucharadas de crema agria

Precalentar el horno a 180 °C. Pelar el ajo, cortarlo en rodajas finas y echarlo en una cazuela grande a fuego medio-alto con 2 cucharadas de aceite de oliva y la mezcla de verduras congeladas. Freír unos minutos; mientras, cortar en rodajas 500 g de los champiñones y añadirlos a la cazuela con una buena pizca de pimienta negra. Cocinar las verduras 10 minutos o hasta que estén doradas, verter el caldo y cocer 10 minutos más. Entretanto, cortar en rodajas los 250 g restantes de champiñones de modo que queden bonitas secciones transversales (los restos sobrantes se pueden ir echando en el caldo), ponerlos en una bandeja de horno con un chorrito de aceite de oliva y una pizca de sal marina y pimienta, y asarlos 15 minutos o hasta que queden bien dorados y crujientes.

Una vez cocida la sopa, triturarla hasta obtener la consistencia deseada y sazonar al gusto. Repartirla entre cuatro boles calientes, verter en cada uno 1 cucharada de crema agria y dibujar unas ondas con ella, y coronar con los champiñones asados y un chorrito de aceite de oliva virgen extra si se desea.

CALORÍAS	GRASAS	GR. SAT.	PROTEÍNAS	CARBOH.	AZÚCAR	SAL	FIBRA
189 kcal	13,2 g	3,5 g	10,9 g	5,8 g	4,1 g	0,8 g	3,8 g

PAN CON TOMATE LEGENDARIO

CHORIZO Y AJO FRITOS, QUESO MANCHEGO DERRETIDO

Esta receta es un homenaje a una combinación clásica en España, pero mi enfoque desde luego no es el típico. Una receta divertida y sin duda deliciosa, perfecta para servir en un almuerzo o como tapa.

PARA 4 PERSONAS | TIEMPO: 15 MINUTOS

100 g de chorizo

4 dientes de ajo

270 g de pan de chapata

400 g de tomates cherry maduros de colores variados

100 g de queso manchego

Precalentar el horno a 180 °C. Cortar el chorizo en rodajas y pelar el ajo, cortarlo en rodajas finas y echar ambos en una sartén antiadherente refractaria grande con 1 cucharada de aceite de oliva. Meterla en el horno 6 minutos o hasta que estén dorados y caramelizados. Cortar con cuidado la chapata por la mitad a lo largo y calentarla también en el horno. Mientras, poner la mitad de los tomates en la batidora con 1 cucharada de vinagre de vino tinto y 2 cucharadas de aceite de oliva virgen extra, sazonar con sal marina y pimienta negra y batir. Con un colador grueso, filtrarlo sobre un bol. Trocear en cuartos los tomates restantes y aliñarlos con un poco de aceite de oliva virgen extra, sal y vinagre de vino tinto. Rallar grueso el queso manchego.

Colocar la chapata en una tabla de cortar y cubrir la miga con la salsa de tomate a cucharadas. Echar por encima los tomates aliñados y repartir en ambas mitades el chorizo y el ajo. Guardar en un tarro casi todo el aceite sobrante de la sartén (les dará un toque sabroso a otras recetas). Rápidamente, echar el queso en la sartén caliente y dejar que se funda con el calor residual en una especie de fondue de chorizo. Verterlo directamente por encima del pan lo más uniformemente posible (¡los invitados quedarán impresionados!), cortar en porciones y servir.

CALORÍAS	GRASAS	GR. SAT.	PROTEÍNAS	CARBOH.	AZÚCAR	SAL	FIBRA
507 kcal	31,8 g	10,7 g	19,5 g	35,1 g	7,3 g	2,5 g	3,4 g

TOSTADAS CRUJIENTES DE SARDINAS

ENCURTIDO RÁPIDO DE LOMBARDA, GUINDILLA FRESCA Y SEMILLAS DE HINOJO

De estas tostadas fáciles inspiradas en Estambul, me encanta su textura crujiente y que las sardinas se cocinen directamente sobre el pan. En contraste con una ensalada encurtida fría y crujiente, es la máxima expresión de felicidad en un plato.

PARA 4 PERSONAS | TIEMPO: 15 MINUTOS

1 cucharada colmada de semillas de hinojo

¼ de col lombarda (320 g)

1-2 guindillas de colores variados

270 g de pan de chapata

12 sardinas frescas, sin escamas, evisceradas y abiertas en mariposa

Tostar las semillas de hinojo en una sartén antiadherente grande a fuego medio durante 1 minuto; echar luego 2 cucharadas de aceite de oliva, freírlas 1 minuto más y ponerlas en un bol grande. Cortar la lombarda y la guindilla en tiras muy finas o rallarlas, y añadirlas al bol con 4 cucharadas de vinagre de vino tinto y una pizca generosa de sal marina y pimienta negra. Dejar reposar para que se haga un encurtido rápido.

Rebanar con cuidado la chapata por la mitad a lo largo, rociar con aceite de oliva y cortar cada mitad en 6 trozos. Abrir las sardinas y colocarlas sobre la miga de cada trozo de pan, con la piel hacia arriba, apretando bien. Precalentar una plancha o una sartén antiadherente a fuego alto, poner en ella las tostadas con el pescado hacia abajo y asarlas 2 minutos por cada lado hasta que el pan y las sardinas estén dorados y crujientes; habrá que trabajar en tandas. Apilar en cada plato 3 tostadas por persona y servirlas acompañadas del encurtido de guindilla y semillas de hinojo por encima.

CALORÍAS	GRASAS	GR. SAT.	PROTEÍNAS	CARBOH.	AZÚCAR	SAL	FIBRA
462 kcal	18,9 g	4,1 g	37,9 g	38,2 g	4,9 g	1,6 g	4,2 g

SOPA DE TOMATE AL HORNO

PIMIENTOS DULCES, CHAPATA, REQUESÓN Y AJO

Las sopas espesas con pan son populares en toda Italia, pero para mí destacan las versiones al horno: son reconfortantes, saciantes y gustarán a toda la familia.

PARA 6 PERSONAS | TIEMPO: 1 HORA

3 pimientos de colores variados

3 dientes de ajo

3 latas (de 400 g cada una) de tomates pera

270 g de pan de chapata (duro)

250 g de requesón

Precalentar el horno a 180 °C. Quitar las semillas de los pimientos, cortarlos en trozos de 2 cm y ponerlos en una cazuela grande a fuego medio con 2 cucharadas de aceite de oliva y una pizca de sal marina y pimienta negra. Pelar el ajo, cortarlo en rodajas finas, incorporarlo a la cazuela y bajar el fuego; cocinarlo 20 minutos o hasta que los pimientos estén tiernos, removiendo con frecuencia y añadiendo chorritos de agua si hiciera falta. Con las manos limpias, estrujar los tomates sobre la cazuela y añadir 2 latas de agua. Llevarlo a ebullición y, mientras, cortar la chapata en rebanadas de 1 cm de grosor. Disponer el pan encima de la sopa, echar el requesón a cucharadas y meter en el horno 25 minutos, o hasta que esté crujiente por encima y burbujee por los bordes. Sazonar al gusto, repartir en boles calientes y rociar con un poco de aceite de oliva virgen extra si se desea.

CALORÍAS	GRASAS	GR. SAT.	PROTEÍNAS	CARBOH.	AZÚCAR	SAL	FIBRA
288 kcal	12,8 g	5,1 g	12 g	31,6 g	13,3 g	0,8 g	4,8 g

Napolina

BOCADILLO DE SALCHICHAS

PIMIENTOS RELLENOS DE QUESO MANCHEGO Y TAPENADE DE ACEITUNAS

No hace falta ser un genio para darse cuenta: una salchicha dorada y crujiente entre pan y pan con pimientos asados rellenos de queso manchego fundido y una aromática tapenade sienta de maravilla en cualquier momento. ¡A disfrutar!

PARA 4 PERSONAS | TIEMPO: 18 MINUTOS

4 panes de hamburguesa tipo brioche

6 salchichas (400 g en total)

4 pimientos rojos grandes asados en conserva (enteros)

80 g de queso manchego

4 cucharaditas de tapenade de aceitunas negras

Abrir los panes por la mitad, tostarlos rápidamente en una sartén antiadherente grande a fuego medio-alto sin engrasar y reservarlos. Apretar la piel de las salchichas sobre un bol para extraer la carne, dividirla en cuatro partes y, con las manos húmedas, darles forma de hamburguesas de 1 cm de grosor. Echar 1 cucharada de aceite de oliva en la sartén, poner las hamburguesas y freírlas 2 minutos por cada lado o hasta que estén doradas y bien hechas. Pasarlas a un plato. Mientras, escurrir los pimientos y cortar el manchego en 4 lonchas (desechando la corteza). Con cuidado, rellenar los pimientos con los trozos de queso y calentarlos en la sartén hasta que el queso se empiece a fundir, dándoles la vuelta de vez en cuando.

Para servir, repartir 1 cucharadita de tapenade en la base de cada pan. Colocar una hamburguesa de salchichas en cada uno, seguido del pimiento relleno de manchego, el otro pan y ¡al ataque!

CALORÍAS	GRASAS	GR. SAT.	PROTEÍNAS	CARBOH.	AZÚCAR	SAL	FIBRA
577 kcal	32,1 g	11,6 g	26,3 g	44,1 g	10,1 g	2,6 g	3,1 g

SOPA SABROSA DE GARBANZOS

MEZCLA DE ESPECIAS, TOMATES PERA, RESTOS VARIADOS DE PASTA

En Marruecos tienen una sopa parecida llamada harira, que se suele tomar después de un día de ayuno. Condensa todo lo que se busca en una buena sopa: es saciante y reconfortante, y se prepara con ingredientes humildes.

PARA 4 PERSONAS | TIEMPO: 35 MINUTOS

300 g de cebolla, zanahoria y apio picados congelados

1 cucharadita colmada de mezcla de especias (si resulta complicado encontrarla, buscar la receta en internet), y un poco más para acompañar

700 g de garbanzos en conserva

2 latas (de 400 g cada una) de tomates pera

200 g de restos variados de pasta

Verter las verduras congeladas en una cazuela grande honda a fuego medio con 1 cucharada de aceite de oliva y la mezcla de especias. Sofreír 10 minutos o hasta que se doren, removiendo con frecuencia. Incorporar los garbanzos (incluido el líquido de la conserva) y, con las manos limpias, estrujar los tomates sobre la cazuela, seguidos de 2 latas de agua y la pasta. Romper los trozos de pasta más grandes a medida que se añaden. Llevar a ebullición, bajar el fuego y dejar cocer 20 minutos o hasta que espese y se haya reducido, removiendo y chafando de vez en cuando, añadiendo chorritos de agua si hiciera falta. Sazonar al gusto con sal marina y pimienta negra, y servir con un chorrito de aceite de oliva virgen extra y una pizca más de mezcla de especias, si se desea.

CALORÍAS	GRASAS	GR. SAT.	PROTEÍNAS	CARBOH.	AZÚCAR	SAL	FIBRA
383 kcal	7,3 g	1 g	16 g	65,8 g	10,4 g	0,3 g	8,8 g

BOCADILLO MEDITERRÁNEO A MI MANERA

POLLO JUGOSO, PIMIENTOS ROJOS ASADOS, PESTO Y ACEITUNAS NEGRAS

Cuando el pan está crujiente, se tuesta en los sabrosos jugos de la sartén, se adereza con pesto y se rellena con unos estupendos ingredientes mediterráneos, destilará sabor por los cuatro costados.

PARA 2 PERSONAS | TIEMPO: 16 MINUTOS

4 contramuslos de pollo deshuesados y sin piel

1 barra de pan pequeña de estilo rústico (200 g)

1 pimiento rojo grande asado en conserva

8 aceitunas negras (con hueso)

2 cucharadas de pesto o pistou

Partir por la mitad los contramuslos de pollo y sazonarlos con sal marina y pimienta negra. Ponerlos en una sartén antiadherente grande a fuego medio con ½ cucharada de aceite de oliva y freírlos durante 15 minutos o hasta que estén dorados y bien cocidos, dándoles la vuelta con frecuencia. Cortar la barra de pan por la mitad a lo largo y ponerla en la sartén para tostarla rápidamente y que absorba los jugos de la cocción. Escurrir el pimiento y cortarlo en tiras a lo largo, deshuesar y trocear las aceitunas, añadir ambos a la sartén y cocerlos un par de minutos, removiendo de vez en cuando. Extender el pesto generosamente en el pan de base. Poner el relleno de pollo y pimiento, tapar con el otro pan y apretar. Cortar la barra en varios trozos y ¡a disfrutar!

CALORÍAS	GRASAS	GR. SAT.	PROTEÍNAS	CARBOH.	AZÚCAR	SAL	FIBRA
610 kcal	22,9 g	4,9 g	41,8 g	57,5 g	6 g	1,8 g	4,3 g

CUMIN

PASTA

PASTA GRECO-CHIPRIOTA

ORZO, TOMATE FRESCO, PEREJIL Y HALLOUMI

Georgie, mi hermana greco-chipriota, me dio a conocer este plato, y la alegría es palpable en la cocina cada vez que lo preparamos: ¡a los niños les encanta! Se le pueden añadir las verduras más tiernas de temporada.

PARA 2 PERSONAS | TIEMPO: 26 MINUTOS

600 g de tomates maduros grandes

2 dientes de ajo

½ manojo de perejil (15 g)

200 g de orzo seco

40 g de queso halloumi

Con el lado fino de un rallador, rallar los tomates sobre un plato, desechando la piel y las pepitas. Pelar el ajo, cortarlo en rodajas, ponerlo en una sartén antiadherente grande a fuego medio con 2 cucharadas de aceite de oliva y freírlo durante 3 minutos o hasta que empiece a dorarse. Mientras, reservar algunas de las hojas más bonitas del perejil para decorar, picar fino el resto (tallos incluidos) y echarlo en la sartén. Cocinarlo 2 minutos y luego echar los tomates junto con 500 ml de agua. Llevar a ebullición, dejarlo hervir unos minutos, añadir la pasta y cocinarlo 14 minutos más o hasta que la pasta empiece a estar tierna y la salsa haya espesado, removiendo con frecuencia y añadiendo chorritos de agua si hiciera falta diluir la consistencia. Rallar grueso casi todo el halloumi e incorporarlo a la pasta. Probarlo y sazonar al gusto con sal marina y pimienta negra. Rallar por encima el halloumi restante, esparcir las hojas de perejil y echar un chorrito de aceite de oliva virgen extra si se desea.

CALORÍAS	GRASAS	GR. SAT.	PROTEÍNAS	CARBOH.	AZÚCAR	SAL	FIBRA
559 kcal	19,7 g	5,6 g	18,9 g	80,3 g	10,1 g	0,6 g	5,7 g

LAZOS CON RÚCULA AL LIMÓN

PISTACHOS PICADOS, PARMESANO Y ACEITE DE OLIVA VIRGEN EXTRA

En las islas de Sicilia he visto salsas para pasta increíbles que preparan con pistachos, quesos del lugar y diferentes hierbas, como la rúcula; el toque final del limón le da intensidad y realza los sabores.

PARA 6 PERSONAS | TIEMPO: 15 MINUTOS

480 g de lazos de pasta

120 g de rúcula

2 limones

100 g de queso parmesano, y un poco más para servir

100 g de pistachos sin cáscara y sin sal

Cocer la pasta en una cazuela de agua hirviendo con sal según las instrucciones indicadas en el envase y escurrirla, reservando una taza del agua de cocción. Mientras, poner casi toda la rúcula en el vaso de la batidora. Rallar fina la piel de los limones e incorporarla al vaso junto con el zumo. Agregar 6 cucharadas de aceite de oliva virgen extra, el parmesano, 2 cucharadas del agua de cocción de la pasta y casi todos los pistachos, y triturar hasta que quede homogéneo. Mezclar la pasta con la salsa, diluyendo la consistencia con un poco del agua de cocción si fuera necesario. Picar finos los pistachos restantes y echarlos por encima de la pasta junto con el resto de la rúcula. Terminar con un poco más de parmesano rallado y un toque de aceite de oliva virgen extra.

CALORÍAS	GRASAS	GR. SAT.	PROTEÍNAS	CARBOH.	AZÚCAR	SAL	FIBRA
473 kcal	21,2 g	5,5 g	16,3 g	57,5 g	2,2 g	0,3 g	0,7 g

CARBONARA CON CASTAÑAS

PANCETA AHUMADA, CREMOSO PECORINO Y SALSA A LA PIMIENTA NEGRA

¿Por qué habré tardado tanto en combinar uno de mis platos de pasta favoritos con unas deliciosas castañas? Aportan sabor a frutos secos, con un contraste ideal entre dulce y salado.

PARA 2 PERSONAS | TIEMPO: 15 MINUTOS

150 g de restos variados de pasta

3 lonchas de panceta ahumada o beicon ahumado

180 g de castañas envasadas al vacío

4 huevos grandes

20 g de queso pecorino o parmesano, y un poco más para servir

Cocer la pasta en una cazuela de agua hirviendo con sal según las instrucciones indicadas en el envase y escurrirla, reservando una taza del agua de cocción. Cuando falten 4 minutos, cortar la panceta en tiras finas y ponerla en una sartén antiadherente grande a fuego medio con 1 cucharada de aceite de oliva. Cuando empiece a chisporrotear, desmigar las castañas y añadir una pizca generosa de pimienta negra; remover con frecuencia hasta que estén doradas y crujientes.

Mientras, separar las yemas de las claras y reservar estas para hacer merengues otro día; poner las yemas en un bol, rallar fino el queso por encima y mezclar. Verter la pasta escurrida en la sartén con las castañas, retirarla del fuego y esperar 2 minutos para que la sartén se enfríe un poco (si está muy caliente, el huevo cuajará; a la temperatura correcta, la textura quedará cremosa, sedosa y buenísima). Diluir la mezcla de queso y huevo con un poco del agua de cocción reservada y verter sobre la pasta, mezclando y removiendo con energía; el huevo se cocerá suavemente con el calor residual. Sazonar al gusto. Si es necesario, ajustar la consistencia al gusto con un chorrito más del agua de cocción, y acabar con un poco de queso rallado fino si se desea.

CALORÍAS	GRASAS	GR. SAT.	PROTEÍNAS	CARBOH.	AZÚCAR	SAL	FIBRA
726 kcal	27,1 g	7,6 g	27,4 g	97,7 g	1,6 g	1,2 g	7,3 g

ESPAGUETIS CON LANGOSTINOS A LA TUNECINA

AROMÁTICA HARISSA DE ROSAS, LIMÓN Y PEREJIL FRESCO

Los tunecinos se cuentan entre los mayores consumidores de pasta del planeta y tienen un montón de formas y técnicas propias. En este caso, la harissa realza el dulzor de los langostinos. ¡Una delicia!

PARA 2 PERSONAS | TIEMPO: 22 MINUTOS

150 g de espaguetis

8 langostinos grandes crudos sin pelar

2 cucharaditas de harissa de rosas

½ manojo de perejil (15 g)

1 limón

Cocer la pasta en una cazuela de agua hirviendo con sal según las instrucciones indicadas en el envase. Mientras, pelar los langostinos, retirando y reservando las cabezas y dejando las colas. Yo suelo pasar un cuchillito afilado por el lomo para retirar el hilo intestinal y que se abran en forma de mariposa al cocinarlos. Mezclar los langostinos con la harissa y dejarlos marinar un momento. Poner las cabezas de los langostinos en una sartén grande a fuego medio con 1 cucharada de aceite de oliva y freírlas hasta que se doren de manera uniforme, removiendo con frecuencia y chafándolas un poco para que suelten todo el sabor. Trocear y reservar las hojas del perejil y luego picar finamente la parte de los tallos, añadiéndolos a la sartén con una pizca de sal marina y pimienta negra. Freír 1 minuto, agregar los langostinos marinados y cocerlos 1 minuto por cada lado. Con unas pinzas, pasar la pasta a la sartén, exprimir medio limón por encima, echar las hojas de perejil y mezclar bien, diluyendo la consistencia con un poco del agua de cocción si fuera necesario. Retirar y desechar las cabezas de los langostinos y servir acompañado de la otra mitad del limón cortada en cuñas para exprimirlas por encima.

CALORÍAS	GRASAS	GR. SAT.	PROTEÍNAS	CARBOH.	AZÚCAR	SAL	FIBRA
373 kcal	9,3 g	1,2 g	19,2 g	56,3 g	3,2 g	0,9 g	2,8 g

LASAÑA DE CALABAZA ASADA

CASTAÑAS, QUESO TALEGGIO FUNDIDO Y AROMÁTICA SALVIA CRUJIENTE

Al poner de lado las láminas de pasta después de apilarlas, esta lasaña otoñal adquiere una textura realmente maravillosa. También lleva salvia y castañas tostadas, ¡todo un placer para el paladar!

SERVES 4 | TIEMPO: 1 HORA Y 45 MINUTOS

1 calabaza moscada u hokkaido (1,2 kg)

½ manojo de salvia (10 g)

180 g de castañas envasadas al vacío

10 láminas frescas de lasaña (250 g)

200 g de queso taleggio

Precalentar el horno a 200 °C. Con cuidado, partir la calabaza por la mitad a lo largo, retirar y desechar las semillas y frotarla bien con sal marina, pimienta negra y aceite de oliva. Ponerla en una bandeja con la parte cortada hacia arriba y asarla durante 1 hora o hasta que esté tierna. Mientras, echar 2 cucharadas de aceite de oliva en una sartén antiadherente a fuego medio, echar las hojas de salvia y freírlas hasta que estén crujientes; escurrirlas sobre papel de cocina. Agregar las castañas a la sartén, removiendo con frecuencia, y sacarlas cuando estén doradas y crujientes.

Cuando la calabaza se haya asado, disponer las 10 láminas de pasta en una superficie plana, sacar a cucharadas la pulpa de la calabaza y repartirla por encima de las láminas. Desmigar por encima casi todas las castañas y trocear casi todo el queso. A continuación, apilar 5 láminas unas sobre otras, presionarlas ligeramente y repetir el proceso con las otras 5. Cortar cada montón a lo largo en 3 tiras y disponerlas de lado en una fuente refractaria engrasada de 20 cm × 20 cm. Verter en la fuente 150 ml de agua hirviendo. Desmigar por encima el resto de las castañas y trocear el queso reservado. Cubrir con papel de aluminio y hornear durante 30 minutos o hasta que la lasaña esté dorada y bien cocida, retirando el papel de aluminio a media cocción. En los últimos 5 minutos, disponer por encima las hojas crujientes de salvia. Terminar con un chorrito de aceite de oliva virgen extra si se desea.

CALORÍAS	GRASAS	GR. SAT.	PROTEÍNAS	CARBOH.	AZÚCAR	SAL	FIBRA
604 kcal	23,3 g	10,2 g	18,8 g	81 g	14,2 g	2,3 g	11,5 g

PASTA CON POLLO A LA GRIEGA

SALSA DE TOMATE DULCE, FIDEOS GRUESOS Y HALLOUMI RALLADO

En la isla griega de Andros sirven diferentes versiones de esta pasta sin duda deliciosa. Prepararla es facilísimo y a los Oliver nos encanta (según los adolescentes, ¡el halloumi se sale!).

PARA 8 PERSONAS | TIEMPO: 1 HORA Y 30 MINUTOS

1 kg de contramuslos de pollo con piel y sin deshuesar

500 g de cebolla, zanahoria y apio picados congelados

2 latas (de 400 g cada una) de tomates pera

600 g de fideos gruesos

100 g de queso halloumi

Dorar los contramuslos de pollo en una cacerola antiadherente grande a fuego alto con 2 cucharadas de aceite de oliva y sacarlos a un plato. Echar a la cacerola las verduras congeladas y rehogarlas 5 minutos; devolver los contramuslos a la cacerola, agregar 2 cucharadas de vinagre de vino tinto y dejar que se evapore. Con las manos limpias, estrujar los tomates sobre la cacerola y añadir 1 lata de agua. Llevar a ebullición y cocer a fuego lento 1 hora o hasta que el pollo se desprenda del hueso, removiendo de vez en cuando.

Pasado ese tiempo, cocer la pasta en una cazuela de agua hirviendo con sal según las instrucciones indicadas en el envase y escurrirla. Mientras, separar toda la carne de los huesos y desmenuzarla con dos tenedores, devolviéndola a la cacerola y desechando la piel y los huesos. Probar la salsa y sazonar al gusto. Para servir, mezclar la pasta con la salsa, rallar casi todo el halloumi e incorporarlo también. Terminar rociando 1 cucharada de aceite de oliva virgen extra y el resto del halloumi rallado por encima.

CALORÍAS	GRASAS	GR. SAT.	PROTEÍNAS	CARBOH.	AZÚCAR	SAL	FIBRA
566 kcal	19,5 g	5,7 g	40,5 g	60 g	4,4 g	0,8 g	1,4 g

ORECCHIETTE CON GUISANTES

PATATAS ROTAS, CEBOLLETAS Y PECORINO RALLADO

A mi familia le encantan las orecchiette, una forma de pasta típica del sur de Italia, perfecta para atrapar los deliciosos guisantes. En esta receta hay doble ración de carbohidratos con los dados de patata, riquísimos con pecorino y aceite de oliva.

PARA 4 PERSONAS | TIEMPO: 30 MINUTOS

600 g de patatas

1 manojo de cebolletas

320 g de guisantes congelados

300 g de orecchiette

80 g de queso pecorino, y un poco más para servir

Pelar las patatas y cortarlas en dados de 1 cm, limpiar y cortar las cebolletas en rodajas y poner ambos en una sartén antiadherente grande a fuego alto con 2 cucharadas de aceite de oliva y 250 ml de agua hirviendo. Bajar el fuego, tapar y cocer 15 minutos o hasta que las patatas estén tiernas; en los últimos 5 minutos, añadir los guisantes, removiendo de vez en cuando. Mientras, cocer la pasta en una cazuela de agua hirviendo con sal según las instrucciones indicadas en el envase y escurrirla, reservando una taza del agua de cocción. Verter la pasta escurrida en la sartén de patatas y guisantes, rallar fino el pecorino y mezclarlo todo bien, añadiendo chorritos del agua de cocción si hiciera falta diluir la consistencia. Sazonar al gusto y terminar con un poco más de pecorino rallado y un chorrito de aceite de oliva virgen extra si se desea.

CALORÍAS	GRASAS	GR. SAT.	PROTEÍNAS	CARBOH.	AZÚCAR	SAL	FIBRA
577 kcal	15,9 g	5,7 g	21,9 g	92,4 g	5 g	0,9 g	6,6 g

ALBÓNDIGAS DE CANGREJO

LINGUINE Y SALSA ARRABBIATA

En el Mediterráneo es habitual preparar albóndigas con todo tipo de pescado y marisco. En esta sabrosa receta he usado carne de cangrejo: es facilísima de elaborar, pero se sale de lo habitual y ¡queda impresionante!

PARA 2 PERSONAS | TIEMPO: 20 MINUTOS

1 huevo grande

200 g de carne seleccionada de cangrejo (una mezcla de carne blanca y rosa)

100 g de pan rallado

150 g de linguine

200 g de salsa arrabbiata en conserva

Cascar el huevo en un bol, añadir la carne de cangrejo y el pan rallado, mezclar bien y formar 16 bolas. Cocer la pasta en una cazuela de agua hirviendo con sal según las instrucciones indicadas en el envase. Mientras, echar 1 cucharada de aceite de oliva en una sartén antiadherente grande a fuego medio-alto, echar las albóndigas y freírlas 6 minutos o hasta que estén doradas, sacudiendo la sartén de vez en cuando para que se cuezan de manera uniforme. Apartar las albóndigas a un lado de la sartén, añadir la salsa arrabbiata, llevar a ebullición y cocer 2 minutos, sin dejar de mover la sartén. Con unas pinzas, pasar la pasta directamente a la sartén, dejando que caiga también un poco del agua de la cocción, mezclarlo todo y diluir la consistencia con un poco más de agua si fuera necesario. Sazonar al gusto y terminar con un chorrito de aceite de oliva virgen extra si se desea.

CALORÍAS	GRASAS	GR. SAT.	PROTEÍNAS	CARBOH.	AZÚCAR	SAL	FIBRA
638 kcal	17,9 g	3 g	37 g	85,1 g	8,3 g	1,6 g	3,3 g

PASTA DE INSPIRACIÓN TURCA

CORDERO DORADO AL AJO, CREMOSO YOGUR Y AROMÁTICA MENTA

Tremendamente delicioso, lleva ingredientes que nunca pensé que combinarían bien con la pasta, pero este plato resulta intenso y aromático, y los reconfortantes sabores son a la vez familiares y sorprendentes.

PARA 4 PERSONAS | TIEMPO: 25 MINUTOS

400 g de carne de cordero picada

4 dientes de ajo

1 manojo de menta (30 g)

300 g de pasta tubular, como tiburones o macarrones

250 g de yogur natural

Poner la carne picada en una sartén antiadherente grande a fuego medio-bajo con 1 cucharada de aceite de oliva y sofreírla 3 minutos o hasta que estén bien dorada. Pelar 3 dientes de ajo, picarlos muy finos y echarlos a la sartén junto con 1 cucharada de vinagre de vino tinto, un chorrito de agua, una pizca de sal marina y abundante pimienta negra. Rehogarlo 5 minutos más, removiendo con frecuencia, y chafarlo con un pasapurés para ablandar la carne. Separar del tallo las hojas de menta más pequeñas y reservarlas para decorar, picar muy finas las demás hojas y agregarlas a la sartén. Bajar el fuego y, mientras, cocer la pasta en una cazuela de agua hirviendo con sal según las instrucciones indicadas en el envase.

Pelar el diente de ajo restante, rallarlo muy fino, mezclarlo con el yogur y sazonarlo con una pizca de sal y pimienta. Escurrir la pasta, reservando una taza del agua de cocción, y verter la pasta directamente en la sartén del cordero. Proseguir la cocción durante 1 minuto; a continuación añadir el yogur al ajo y mezclarlo todo, diluyendo la consistencia con un poco del agua de cocción si fuera necesario. Echar por encima las hojas de menta reservadas y servir.

CALORÍAS	GRASAS	GR. SAT.	PROTEÍNAS	CARBOH.	AZÚCAR	SAL	FIBRA
542 kcal	20,5 g	8,5 g	31,3 g	62 g	5,7 g	0,9 g	0,3 g

TAGLIATELLE CON MEJILLONES

AJO, CHAMPIÑONES, QUESO MANCHEGO Y PASTA RECIÉN CORTADA

He visto por todo el Mediterráneo diferentes platos que combinan con éxito champiñones y marisco: el resultado es delicioso y al mismo tiempo refinado, ¡hay que probarlo!

PARA 2 PERSONAS | TIEMPO: 15 MINUTOS

4 champiñones portobello (250 g)

2 dientes de ajo

600 g de mejillones, limpios y sin barbas

250 g de láminas frescas de lasaña

40 g de queso manchego, y un poco más para servir

Pelar los champiñones, cortarlos en rodajas de ½ cm de grosor y ponerlos en seco en una cacerola antiadherente tapada a fuego alto. Cocinarlos 3 minutos, moviendo la cacerola con frecuencia; mientras, pelar el ajo y cortarlo en rodajas muy finas. Destapar la cacerola, añadir 2 cucharadas de aceite de oliva y el ajo, y sazonar con sal marina y pimienta negra. Proseguir la cocción 3 minutos mientras se comprueban los mejillones: si alguno está abierto, darle un golpecito para ver si se cierra. Desechar los que no se cierren. Cortar las láminas de lasaña a lo largo en tiras de 1 cm y poner agua a hervir.

Echar los mejillones y la pasta en la cacerola, verter agua hirviendo justo hasta cubrir la pasta (unos 350 ml), tapar y dejar que borbotee unos 4 minutos o hasta que los mejillones se hayan abierto y estén tiernos y jugosos, sacudiendo la cacerola de vez en cuando. Retirar los mejillones que sigan cerrados. Rallar grueso el queso sobre la cacerola, mezclar bien y sazonar al gusto. Repartir entre los boles y servir con un poco más de manchego rallado y un chorrito de aceite de oliva virgen extra si se desea.

CALORÍAS	GRASAS	GR. SAT.	PROTEÍNAS	CARBOH.	AZÚCAR	SAL	FIBRA
530 kcal	25,9 g	7,3 g	29,2 g	43,9 g	1,5 g	1,2 g	4,6 g

PASTA RÁPIDA CON ATÚN

TOMATES CHERRY, AROMÁTICA ALBAHACA Y GUINDILLA

Tomate y albahaca es una combinación de sabores que me transporta directamente a las islas de Italia. Este sencillo plato, que también incluye un fresquísimo atún y el picante de la guindilla, evoca las cálidas noches estivales.

PARA 2 PERSONAS | TIEMPO: 14 MINUTOS

150 g de espaguetis

1 guindilla roja fresca

160 g de tomates cherry maduros de colores variados

1 filete de atún (de 150 g)

½ manojo de albahaca (15 g)

Cocer la pasta en una cazuela de agua hirviendo con sal según las instrucciones indicadas en el envase. Mientras, cortar finos la guindilla, los tomates, el filete de atún y las hojas de albahaca (reservando algunas hojas tiernas para decorar), y pasarlo todo a una fuente de servir grande. Añadir 2 cucharadas de aceite de oliva virgen extra y 1 cucharada de vinagre de vino tinto, mezclar bien y sazonar al gusto con sal marina y pimienta negra. Cuando la pasta se haya cocido, pasarla directamente al bol con unas pinzas, dejando que caiga también un poco del agua de la cocción. Mezclarlo todo bien, diluyendo la consistencia con un poco del agua de cocción si fuera necesario; el calor residual de la pasta empezará a cocer el atún, el punto justo para obtener un plato de lo más refinado. Esparcir por encima las hojas reservadas de albahaca y terminar con un chorrito de aceite de oliva virgen extra si se desea.

CALORÍAS	GRASAS	GR. SAT.	PROTEÍNAS	CARBOH.	AZÚCAR	SAL	FIBRA
496 kcal	18,2 g	3 g	27,8 g	58,7 g	5,2 g	0,4 g	3 g

PASTA MARROQUÍ

ALCACHOFAS, ACEITUNAS MARINADAS, AJO Y TOMATES

En mis viajes a Marruecos me sorprendió gratamente ver cómo usaban la pasta cabello de ángel: no solo en guisos y platos de pasta sencillos como este, sino también como rellenos y guarniciones.

PARA 2 PERSONAS | TIEMPO: 15 MINUTOS

150 g de pasta vermicelli o cabello de ángel

75 g de aceitunas marinadas variadas

2 dientes de ajo

140 g de corazones de alcachofa en conserva de aceite

1 lata (de 400 g) de tomates pera

Cocer los vermicelli o la pasta cabello de ángel en una cazuela de agua hirviendo con sal según las instrucciones indicadas en el envase y escurrirla, reservando una taza del agua de cocción. Mientras, deshuesar las aceitunas (si es necesario), pelar el ajo y picarlo fino, y poner ambos en una sartén antiadherente grande (incluidos los ingredientes de la marinada de las aceitunas) a fuego medio con las alcachofas y 2 cucharadas del aceite de la conserva, y freírlo todo hasta que esté dorado. Chafar los tomates y pasarlos por un colador grueso a la sartén, y sazonar al gusto con sal marina y pimienta negra. Cocerlo a fuego lento unos minutos y luego mezclar la pasta con la salsa, diluyendo la consistencia con un poco del agua de cocción si fuera necesario.

CALORÍAS	GRASAS	GR. SAT.	PROTEÍNAS	CARBOH.	AZÚCAR	SAL	FIBRA
548 kcal	24,3 g	3,4 g	9,4 g	72,6 g	7,9 g	1,8 g	5,3 g

Jamie Oliver

CARBONARA CON ESPÁRRAGOS

PANCETA AHUMADA, YEMAS DE HUEVO, PIMIENTA NEGRA Y PECORINO

Nunca me canso de este plato: se prepara sin ningún esfuerzo. Me encanta el contraste entre la panceta a la pimienta y los delicados espárragos, y todo bañado en una sedosa salsa de huevo y queso.

PARA 4 PERSONAS | TIEMPO: 15 MINUTOS

300 g de macarrones

350 g de espárragos

4 huevos grandes

50 g de queso pecorino o parmesano, y un poco más para servir

4 lonchas de panceta ahumada o beicon ahumado

Cocer la pasta en una cazuela grande de agua hirviendo con sal según las instrucciones indicadas en el envase. Mientras, romper y desechar los extremos leñosos de los espárragos y cortar los tallos a aproximadamente la misma longitud que la pasta, partiendo por la mitad a lo largo los tallos más gruesos. Separar las yemas de las claras y reservar estas para hacer merengues otro día; poner las yemas en un bol, rallar fino el queso por encima y mezclar.

Cortar la panceta en tiras finas, ponerla en una sartén antiadherente grande a fuego medio-alto con 1 cucharada de aceite de oliva y una pizca generosa de pimienta negra y freírla 4 minutos o hasta que esté dorada y crujiente. Añadir los espárragos a la sartén y dejarlos 3 minutos; escurrir la pasta, reservando una taza del agua de cocción. Verter la pasta escurrida en la sartén, mezclarlo todo bien, retirar del fuego y esperar 2 minutos para que la sartén se enfríe un poco (si está muy caliente, el huevo cuajará; a la temperatura correcta, la textura quedará cremosa, sedosa y buenísima). Diluir la mezcla de queso y huevo con un poco del agua de cocción reservada y verter sobre la pasta, mezclando y removiendo con energía; el huevo se cocerá suavemente con el calor residual. Sazonar al gusto. Si es necesario, ajustar la consistencia con un chorrito más del agua de cocción; acabar con una pizca de pimienta y un poco más de queso rallado si se desea.

CALORÍAS	GRASAS	GR. SAT.	PROTEÍNAS	CARBOH.	AZÚCAR	SAL	FIBRA
463 kcal	17,5 g	5,7 g	22,2 g	58,4 g	3,3 g	1,1 g	1,5 g

VERDURAS

BERENJENAS TIERNAS AHUMADAS

SEDOSO HUMUS, GARBANZOS CRUJIENTES, RÁBANOS Y LIMÓN

En esta receta, inspirada en los sabores de la costa levantina de Oriente Próximo, utilizo garbanzos de dos maneras diferentes para potenciar el sabor y la textura. La berenjena chamuscada y pelada le añade un toque ahumado difícil de superar.

PARA 2 PERSONAS | TIEMPO: 22 MINUTOS

2 berenjenas (de 250 g cada una)

50 g de semillas de sésamo

400 g de garbanzos en conserva

2 limones

200 g de rábanos, a ser posible con hojas

Pinchar las berenjenas y, con cuidado, chamuscarlas en una de las llamas de los fogones (o bajo el gratinador), girándolas con unas pinzas hasta que estén tiernas por dentro. Mientras, tostar las semillas de sésamo en una sartén antiadherente grande a fuego alto hasta que estén doradas, removiendo con frecuencia. Poner dos terceras partes de las semillas tostadas en el vaso de la batidora y reservar el resto. Escurrir los garbanzos (reservando el líquido de la conserva) y echar dos tercios en la batidora con el zumo de 1 limón y 2 cucharadas de aceite de oliva virgen extra. Triturar hasta obtener una textura muy homogénea, diluyendo la consistencia con un poco del líquido de la conserva de los garbanzos si fuera necesario, sazonar al gusto y repartir entre dos platos.

Cortar los rábanos por la mitad, mezclarlos con el zumo del otro limón y sazonarlos con sal marina para que se haga un encurtido rápido. Cuando se hayan enfriado un poco, retirar con cuidado la piel de las berenjenas, abrirlas por la mitad a lo largo dejando el tallo intacto y sazonarlas con sal y pimienta negra. Volver a poner la sartén a fuego medio con un chorrito de aceite de oliva y echar los garbanzos restantes. Apartar los garbanzos a un lado de la sartén, añadir las berenjenas y cocerlas 5 minutos o hasta que los garbanzos estén dorados y crujientes y las berenjenas empiecen a caramelizarse, dándoles la vuelta según sea necesario. Repartirlo entre los platos, esparcir por encima las semillas de sésamo tostadas reservadas y los rábanos, y terminar con un chorrito de aceite de oliva virgen extra si se desea.

CALORÍAS	GRASAS	GR. SAT.	PROTEÍNAS	CARBOH.	AZÚCAR	SAL	FIBRA
446 kcal	31,4 g	5,3 g	15,3 g	26,3 g	8,1 g	0,5 g	5,6 g

RISOTTO CANALLA CON RATATOUILLE

VERDURAS ASADAS, AROMÁTICA ALBAHACA E INTENSO QUESO DE CABRA

Me chifla este plato rápido y sencillo que combina sabores de Provenza e Italia y gusta a todo el mundo. Los puristas cuestionarán el truco de usar verduras congeladas, pero ellos se lo pierden.

PARA 4 PERSONAS | TIEMPO: 35 MINUTOS

700 g de verduras mediterráneas asadas congeladas

300 g de arroz para risotto

1,2 litros de caldo de verduras o de pollo

1 manojo de albahaca (30 g)

100 g de queso de cabra

Verter las verduras congeladas en una cazuela grande honda a fuego medio-alto con 2 cucharadas de aceite de oliva. Sofreír 10 minutos o hasta que estén tiernas, removiendo con frecuencia, y retirar la mitad a un bol. Añadir el arroz a la cazuela y saltear durante 2 minutos. Agregar un buen chorro de caldo caliente, esperar a que se absorba del todo y añadir un poco más, removiendo sin parar. Seguir añadiendo caldo hasta que el arroz esté hecho y en su punto, durante unos 16 o 18 minutos, agregando más chorritos de agua si fuera necesario. Separar del tallo casi todas las hojas de la albahaca, picarlas finas y echarlas a la cazuela junto con las verduras reservadas, casi todo el queso de cabra y 1 cucharada de aceite de oliva virgen extra, y sazonar al gusto. Si es necesario, ajustar la consistencia con un chorrito de agua hirviendo para que quede meloso. Repartirlo entre los platos y, para terminar, esparcir por encima las hojas de albahaca y el queso de cabra restantes.

CALORÍAS	GRASAS	GR. SAT.	PROTEÍNAS	CARBOH.	AZÚCAR	SAL	FIBRA
610 kcal	17,3 g	5,4 g	21 g	92,5 g	17,6 g	0,6 g	8,6 g

GLORIOSA CALABAZA RELLENA

CEREALES A LAS HIERBAS, CREMOSOS HUEVOS POCHÉ Y ALIÑO DE HARISSA

Inspirado en mis viajes por el norte de África y su afición por las verduras rellenas, este plato es muy efectista, pues hay que romper y mezclar el cremoso huevo con el relleno de cereales justo antes de devorarlo.

PARA 2 PERSONAS | TIEMPO: 1 HORA Y 15 MINUTOS

1 calabaza de variedades como kabocha, crown prince, hokkaido, moscada (1,2 kg)

1 manojo de perejil (30 g)

250 g de cereales variados precocidos

2 huevos grandes

2 cucharaditas colmadas de harissa

Precalentar el horno a 180 °C. Partir la calabaza por la mitad, retirar y desechar las semillas y el tallo, y frotarla bien con sal marina, pimienta negra y aceite de oliva. Ponerla en una bandeja con la parte cortada hacia arriba y asarla durante 50 minutos o hasta que esté tierna (en caso de usar calabaza moscada, retirar parte de la pulpa con una cuchara en toda su longitud para hacer hueco a los cereales). Separar del tallo las hojas del perejil, picarlas finas y mezclarlas casi todas con los cereales junto con 1 cucharadita colmada de harissa (y, si se ha usado calabaza moscada, añadir la pulpa que se ha retirado antes). Sazonar con una pizca de sal y pimienta y repartirlo entre las dos mitades de calabaza. Hacer un hueco en el centro, cascar un huevo en cada uno y hornearlo durante 15 minutos para que el huevo quede cremoso (o un poco más si se prefiere). Mezclar la harissa restante con un poco de agua hirviendo para diluir la consistencia, echarla por encima de la calabaza y esparcir el resto del perejil picado antes de servir. En la mesa, romper el huevo, mezclarlo con los cereales y ¡a comer!

CALORÍAS	GRASAS	GR. SAT.	PROTEÍNAS	CARBOH.	AZÚCAR	SAL	FIBRA
547 kcal	13,9 g	2,6 g	20,6 g	86,8 g	29 g	1,7 g	14,6 g

TESCO
MIXED GRAINS

al'fez
HARISSA
PASTE

BOMBAS DE PATATA

REBOZADO CRUJIENTE, MANCHEGO DERRETIDO Y SALSA DE TOMATE ESPECIADA

Probé una receta secreta de bombas de patata en el famoso bar de tapas de Barcelona La Cova Fumada y he querido crear mi propia versión, convirtiendo la humilde patata en una maravilla.

PARA 6 PERSONAS | TIEMPO: 45 MINUTOS

4 patatas grandes (1 kg)

2 huevos grandes

150 g de queso manchego

100 g de pan rallado

400 g de salsa arrabbiata en conserva

Pinchar las patatas por toda la superficie con un tenedor y cocerlas al microondas 30 minutos a potencia máxima o hasta que estén tiernas, dándoles la vuelta a media cocción. Cuando se hayan enfriado un poco, abrirlas por la mitad, vaciarlas con una cuchara y echar la patata en un bol. Chafarlas bien y sazonar al gusto. Separar las yemas de las claras, echando las claras en un bol poco profundo. Agregar las yemas a las patatas y mezclarlo bien. Cortar casi todo el queso manchego en dados de 1 cm e incorporarlos al puré. Batir las claras. Dividir la mezcla de puré en 6 partes y formar bolas con ellas, aplanándolas ligeramente. Untar las bolas en las claras batidas, dejando que escurra la clara sobrante, y rebozarlas en el pan rallado.

Verter 1 cm de aceite de oliva en una sartén antiadherente a fuego medio-alto. Cuando esté caliente, echar con cuidado las bombas de patata y freírlas durante 6 minutos o hasta que estén bien doradas, dándoles la vuelta a media cocción; quizá haya que trabajar en tandas. Mientras, calentar la salsa arrabbiata en un cazo. Repartir la salsa entre los platos, colocar las bombas, rallar fino por encima el resto del queso manchego, sazonar al gusto con sal marina y pimienta negra, y rociar con un chorrito de aceite de oliva virgen extra si se desea.

CALORÍAS	GRASAS	GR. SAT.	PROTEÍNAS	CARBOH.	AZÚCAR	SAL	FIBRA
336 kcal	13,6 g	6 g	13,7 g	41,1 g	4,6 g	1 g	2,5 g

MI MUJADARA

LENTEJAS ESPECIADAS, BULGUR, CEBOLLA CRUJIENTE Y YOGUR

La mujadara, un plato levantino muy apreciado y socorrido, resulta muy sabrosa y es facilísima de preparar; además pueden añadírsele verduras de temporada y carne cocida sobrante si se tiene.

PARA 4 PERSONAS | TIEMPO: 45 MINUTOS

2 cebollas grandes

2 cucharadas colmadas de semillas de comino

150 g de lentejas

150 g de bulgur

4 cucharadas de yogur natural

Poner una cacerola pequeña y resistente a fuego medio-alto y verter en ella 2 cm de aceite de oliva. Pelar 1 cebolla, picarla muy fina, freírla hasta que esté bien dorada y crujiente, y pasarla a un plato con papel de cocina para que escurra el aceite sobrante; habrá que freírla en varias tandas. Para comprobar que el aceite está a la temperatura adecuada, echar un trocito de cebolla; si se dora y flota, la temperatura es correcta (o debería alcanzar los 180 °C con un termómetro).

Mientras, pelar y picar la otra cebolla y ponerla en una sartén antiadherente grande a fuego medio junto con las semillas de comino y 1 cucharada de aceite de oliva, y rehogarla 10 minutos o hasta que esté tierna y transparente. Añadir las lentejas, el bulgur y 1,2 litros de agua, llevar a ebullición y cocer a fuego lento durante 25 minutos o hasta que las lentejas y el bulgur estén cocidos y hayan absorbido casi toda el agua. Probarlo, sazonar al gusto con sal marina y pimienta negra e incorporar la mitad de la cebolla crujiente. Repartir la mujadara entre los platos y coronarla con cucharadas de yogur y la cebolla crujiente restante.

Nota

Si se prefiere evitar los fritos, se puede comprar cebolla frita crujiente ya preparada en casi todos los supermercados.

CALORÍAS	GRASAS	GR. SAT.	PROTEÍNAS	CARBOH.	AZÚCAR	SAL	FIBRA
408 kcal	16 g	2,7 g	15,5 g	56 g	7,9 g	0,1 g	8,1 g

Yeo
Valley

JUDÍAS VERDES ESTOFADAS

SALSA DE TOMATE, AJO Y ORÉGANO, QUESO INTENSO

Mucha gente se estanca en la rutina a la hora de cocinar las judías verdes, pero simplemente guisadas ya son una guarnición muy interesante que acompaña de maravilla la carne, el pescado u otros platos de verdura.

PARA 4 PERSONAS | TIEMPO: 45 MINUTOS

400 g de judías verdes

2 dientes de ajo

½ manojo de orégano (10 g)

2 latas (de 400 g cada una) de tomates pera

100 g de queso feta

Precalentar el horno a 180 °C. Limpiar las judías y pelar rápidamente los lados para retirar las hebras más duras. Pelar el ajo, cortarlo en rodajas finas y echarlo en una cacerola grande o una sartén refractaria a fuego medio con 2 cucharadas de aceite de oliva. Separar del tallo las hojas del orégano e incorporarlas, y freír hasta que el ajo empiece a dorarse ligeramente, removiendo con frecuencia. Añadir los tomates, chafándolos con un pasapurés, y sazonar con una pizca de sal marina y pimienta negra. En cuanto hierva, disponer por encima las judías verdes y hundirlas en la salsa. Mojar un trozo de papel de horno, hacer una bola, extenderlo de nuevo y usarlo para tapar la cacerola. Meterla en el horno 30 minutos o hasta que las judías estén tiernas y la salsa haya espesado, y retirar el papel. Desmigar por encima el feta. Se puede servir directamente u hornearlo 10 minutos más. ¡Al gusto!

CALORÍAS	GRASAS	GR. SAT.	PROTEÍNAS	CARBOH.	AZÚCAR	SAL	FIBRA
183 kcal	12,2 g	4,5 g	7,9 g	11,6 g	10,8 g	1,1 g	1,8 g

HOJALDRE CON CALABACÍN A LA MENTA

HOJALDRE DORADO, TAPENADE DE ACEITUNAS NEGRAS Y QUESO DE CABRA

La inspiración proviene de aquella vez que cociné calabacines con una señora siria maravillosa llamada Majda, que había huido a Marsella y había abierto un restaurante increíble: el resultado es esta versión poco convencional de la *pissaladière*.

PARA 4-6 PERSONAS | TIEMPO: 1 HORA Y 35 MINUTOS

1,5 kg de calabacines

1 cucharadita colmada de menta seca

320 g de hojaldre preparado (frío)

6 cucharaditas de tapenade de aceitunas negras

80 g de queso de cabra

Limpiar y pelar los calabacines, trocearlos en cuartos a lo largo, cortar y desechar las semillas, picarlo grueso y ponerlo en una cazuela grande poco profunda a fuego medio con 2 cucharadas de aceite de oliva y la menta. Rehogar durante 30 minutos, removiendo con frecuencia. Luego, chafar la mitad de los calabacines con un pasapurés e incorporarlo al resto. Sazonar al gusto y dejar enfriar 5 minutos.

Precalentar el horno a 200 °C. Desenrollar la lámina de hojaldre sobre el papel del envoltorio y colocarlo en la bandeja del horno. Con una cuchara, echar por encima los calabacines templados, dejando sin cubrir un borde de 1 cm alrededor, doblar los lados y plegar las esquinas para mantener la forma. Pintar los bordes del hojaldre con un poco de aceite y hornear en la parte inferior del horno durante 30 minutos o hasta que la masa haya subido y esté dorada. Distribuir por encima cucharaditas de la tapenade y el queso de cabra troceado, llevarlo a la mesa y servir.

Nota

Si quieres usar flores de calabacín, como yo he hecho en la receta de la foto, puedes probar a cultivarlas tú mismo (¡es muy fácil!) o comprarlas en un mercado, pues no es habitual encontrarlas en supermercados. Solo tienes que abrirlas, disponerlas por encima del hojaldre y regarlas con un poco de aceite antes de hornear.

CALORÍAS	GRASAS	GR. SAT.	PROTEÍNAS	CARBOH.	AZÚCAR	SAL	FIBRA
584 kcal	41,8 g	15,8 g	15,9 g	50,9 g	7,5 g	1,3 g	5,4 g

TAYÍN DE CALABAZA

GARBANZOS CREMOSOS, RAS EL HANOUT, ACEITUNAS Y DÁTILES

En este plato la humilde calabaza es protagonista. De inspiración marroquí, lo he preparado en una cacerola, que es el recipiente que tenemos todos, pero lo ideal es usar un tayín. Los dátiles se deshacen y forman una salsa increíble.

PARA 4 PERSONAS | TIEMPO: 1 HORA

1 calabaza moscada (1,2 kg)

100 g de dátiles medjoul

1 cucharada de ras el hanout, y un poco más para espolvorear

700 g de garbanzos en conserva

100 g de aceitunas verdes marinadas

Frotar la piel de la calabaza para limpiarla, partirla por la mitad a lo largo y cortarla en trozos de 4 cm, picando gruesas también las semillas (me gusta dejar la piel porque le aporta un delicioso sabor a frutos secos). Poner las semillas en una cacerola grande poco profunda a fuego medio-alto con un chorrito de aceite de oliva, removiendo con frecuencia; cuando empiecen a saltar, pasarlas a un bol pequeño. Echar la calabaza en la cacerola con 1 cucharada de aceite de oliva y rehogarla 10 minutos hasta que quede bien dorada por todos los lados, dándole la vuelta con unas pinzas. Mientras, quitar el hueso a los dátiles y ponerlos en un bol con 500 ml de agua hirviendo.

Echar el ras el hanout a la cacerola e incorporar los garbanzos (incluido el líquido de la conserva) y los dátiles, junto con el agua de remojo. Trocear por encima las aceitunas (retirar el hueso, en caso necesario), tapar y cocer 20 minutos. Destapar y proseguir la cocción a fuego lento unos 5 minutos, hasta que reduzca y adquiera una consistencia espesa. Sazonar al gusto y esparcir por encima las semillas fritas y una pizca más de ras el hanout. Se puede servir tal cual o acompañado de cuscús al vapor o pan.

CALORÍAS	GRASAS	GR. SAT.	PROTEÍNAS	CARBOH.	AZÚCAR	SAL	FIBRA
347 kcal	11 g	1,7 g	12 g	51,9 g	22,3 g	1,1 g	11,3 g

BOCADITOS DE PEPINO

MASA MUY CRUJIENTE, TZATZIKI RÁPIDO Y LIMÓN

Estos bocados son deliciosos y quedan estupendos como entrante o para picar en un meze. Aquí el pepino alcanza nuevas cotas de sabor, pero se puede intercambiar por cualquier otra verdura de temporada.

PARA 4 PERSONAS (2 BOCADITOS CADA UNO) | TIEMPO: 25 MINUTOS

2 pepinos

75 g de harina con levadura sin gluten

300 g de yogur griego

1 limón

230 g de pimientos rojos asados en conserva

Rallar gruesos los pepinos sobre un bol, añadir ½ cucharadita de sal marina y mezclar bien. Reservar durante 15 minutos; luego estrujar bien el pepino para escurrir todo el líquido que se pueda. En un bol aparte, echar la harina (aquí me gusta usarla sin gluten para que la masa sea más ligera) y agregar 100 g de yogur, una pizca de pimienta negra y 2 cucharadas de agua. Rallar fina la piel de medio limón, añadirla al bol y batir bien hasta que esté homogéneo; luego, incorporar la mitad del pepino.

Poner una sartén antiadherente a fuego medio-alto, verter ½ cm de aceite de oliva y dejarlo unos minutos. Cuando esté caliente, echar con cuidado 8 cucharadas colmadas de la masa y freírlas durante 4 minutos o hasta que estén doradas y bien cocidas, dándoles la vuelta con cuidado a media cocción; quizá haya que trabajar en tandas. Dejarlas escurrir sobre papel de cocina. Mientras, mezclar el resto del pepino con el resto del yogur, rallar fina la piel del otro medio limón, exprimir la mitad del zumo y sazonar con una pizca de sal y pimienta; a continuación, repartir esta mezcla entre cuatro platos. Escurrir los pimientos asados, cortarlos en tiras finas y aliñarlos con un poco de vinagre de vino tinto y aceite de oliva virgen extra. Repartir un poco de pimiento en cada plato y poner encima un par de bocaditos. Cortar en cuñas el medio limón del que se ha rallado la piel, servirlo a un lado para exprimir por encima y ¡a comer!

CALORÍAS	GRASAS	GR. SAT.	PROTEÍNAS	CARBOH.	AZÚCAR	SAL	FIBRA
260 kcal	14,8 g	4,2 g	9,8 g	21,7 g	6,6 g	1,1 g	2 g

KAFTEJI DE ESTILO CASERO

VERDURAS ASADAS CON HARISSA, PATATAS DORADAS Y HUEVOS FRITOS

El sonido del kafteji cuando lo cortan en las calles de Túnez es legendario. Lo habitual es freír las verduras, pero yo propongo esta versión más sana al horno.

PARA 2 PERSONAS | TIEMPO: 50 MINUTOS

2 pimientos verdes

2 tomates maduros grandes

500 g de patatas tipo Maris Piper

1 cucharada de harissa o harissa de rosas, y un poco más para servir

2 huevos grandes

Precalentar el horno a 200 °C. Limpiar los pimientos, abrirlos por la mitad y retirar las semillas; cortar en dos los tomates y ponerlo todo en una fuente grande para el horno con el lado cortado hacia arriba. Sazonar con sal marina y pimienta negra y asar durante 35 minutos o hasta que las verduras estén tiernas. Mientras, frotar las patatas para limpiarlas, partirlas por la mitad a lo largo y luego en cuñas de ½ cm. Aliñarlas con 1 cucharada de aceite de oliva, sazonar al gusto, extenderlas en una sola capa sobre una bandeja de horno grande y asarlas durante 25 minutos o hasta que estén doradas y crujientes. Cuando los pimientos y tomates estén asados, cortarlos en trozos pequeños, desechando las pieles más duras. Pasarlos a un bol, aliñarlos con la harissa y sazonar al gusto con sal, pimienta y vinagre de vino tinto. Freír los huevos y servirlos a un lado de las verduras junto con las patatas crujientes. Echar por encima un poco de harissa al gusto y ¡al ataque!

CALORÍAS	GRASAS	GR. SAT.	PROTEÍNAS	CARBOH.	AZÚCAR	SAL	FIBRA
380 kcal	15,3 g	2,8 g	13,9 g	50,4 g	8,3 g	0,9 g	4,5 g

PAN ÁCIMO CON BERENJENAS

ACEITUNAS MARINADAS, INTENSO FETA Y ORÉGANO SECO

Este plato, inspirado en los panes ácimos de los puestos callejeros de Grecia y Turquía, es un almuerzo estupendo. Se prepara en un santiamén y las berenjenas asadas aportan un sabor extraordinario.

PARA 2 PERSONAS | TIEMPO: 25 MINUTOS

1 berenjena grande (de 400 g)

200 g de harina con levadura, y un poco más para espolvorear

10 aceitunas marinadas variadas

2 ramitas de orégano en flor o 1 cucharadita colmada de orégano seco

50 g de queso feta

Pinchar la berenjena y, con cuidado, chamuscarla en una de las llamas de los fogones (o bajo el gratinador), girándola con unas pinzas hasta que esté tierna por dentro, y dejarla enfriar en un bol. En otro bol, mezclar la harina con una pizca de sal e incorporar gradualmente 100 ml de agua removiendo con un tenedor. Pasar la masa a una superficie enharinada y trabajarla unos minutos hasta que quede fina; luego, taparla y dejarla reposar brevemente. Espolvorear más harina en la superficie de trabajo, dividir la masa en dos y estirar cada trozo hasta obtener una forma oval de unos 20 cm de largo. Poner una sartén antiadherente grande a fuego alto, disponer un pan y luego el otro y cocinarlos 2 minutos y medio por cada lado o hasta que estén dorados y bien cocidos. Mientras, trocear las aceitunas (retirar el hueso, en caso necesario), y los ingredientes de la marinada si hubiera.

Volver a poner la sartén a fuego muy bajo. Dejando en el bol el líquido que haya soltado, cortar la berenjena por la mitad a lo largo y, con una cucharilla, sacar la pulpa y volver a ponerla en el bol, desechando las pieles. Agregar 1 cucharada de cada de aceite de oliva virgen extra y vinagre de vino tinto, así como la mitad del orégano. Remover y romper los trozos más grandes con una cuchara; sazonar al gusto con sal y pimienta negra. Disponer la berenjena aliñada encima de los panes. Echar las aceitunas troceadas a la sartén con 1 cucharada de aceite de oliva, dejar que chisporroteen 30 segundos y disponer por encima de la berenjena. Desmigar por encima el feta, tomar entre las manos la otra ramita de orégano y frotarla sobre los panes para que las hojas secas y las flores caigan por encima (o, simplemente, esparcir el orégano seco).

CALORÍAS	GRASAS	GR. SAT.	PROTEÍNAS	CARBOH.	AZÚCAR	SAL	FIBRA
552 kcal	21,1 g	5,9 g	14,8 g	81,2 g	5,7 g	1,8 g	3,1 g

ÑOQUIS CON VERDURAS DE HOJA DE INVIERNO

COL NEGRA DE LA TOSCANA Y SALSA DE MASCARPONE Y GORGONZOLA

En Italia, los ñoquis suelen servirse como un plato de pasta, pero a mí me gusta saltarme las convenciones y servirlos como si fueran una guarnición de patata; esta es la forma más sorprendente de celebrar la abundancia de coles en invierno.

PARA 4 PERSONAS COMO PLATO PRINCIPAL U 8 COMO GUARNICIÓN | TIEMPO: 20 MINUTOS

50 g de nueces sin cáscara y sin sal

400 g de cavolo nero

100 g de queso mascarpone

100 g de queso gorgonzola

800 g de ñoquis de patata

Tostar las nueces en una sartén a fuego medio hasta que estén doradas y reservar. Romper los tallos del cavolo nero, desecharlos y escaldar las hojas en agua hirviendo con sal durante 4 minutos. Con unas pinzas, pasar dos tercios de la col al vaso de la batidora, dejando la cacerola con agua en el fuego. Pasar el resto de la col a una tabla y picarla gruesa. Echar en el vaso de la batidora el mascarpone y casi todo el gorgonzola y triturar hasta que quede homogéneo, diluyendo la consistencia con un poco del agua de cocción si fuera necesario. Probar y sazonar al gusto con sal marina y pimienta negra.

Cocinar los ñoquis en la cacerola con agua hirviendo durante 3 minutos o hasta que floten en la superficie, escurrirlos y echarlos en una sartén refractaria junto con la salsa verde y la col picada. Desmigar casi todas las nueces e incorporarlas, trocear por encima el gorgonzola y las nueces restantes, y servir directamente o poner la sartén a gratinar durante unos minutos.

CALORÍAS	GRASAS	GR. SAT.	PROTEÍNAS	CARBOH.	AZÚCAR	SAL	FIBRA
646 kcal	29,4 g	13,6 g	18,9 g	75,2 g	3,5 g	2,4 g	3,4 g

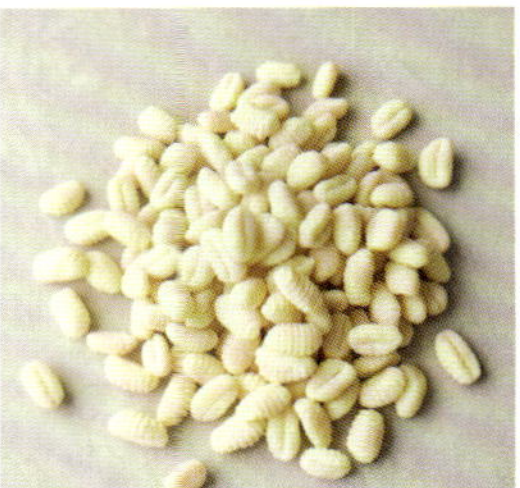

COLIFLOR ASADA

SALSA ROMESCO RÁPIDA Y ALMENDRAS TOSTADAS PICADAS

¡La vida es mejor con salsa romesco! Tanto si se usa para realzar verduras, como esta coliflor, o para acompañar pescado, pollo o cordero, es un gusto elaborarla y un placer comerla.

PARA 4 PERSONAS | TIEMPO: 45 MINUTOS

1 coliflor (800 g)

4 dientes de ajo

100 g de pan de masa madre

50 g de almendras escaldadas

460 g de pimientos rojos asados en conserva

Precalentar el horno a 180 °C. Retirar las hojas exteriores más marchitas de la coliflor y el extremo del tronco, partirla por la mitad, cortarla en cuñas de 3 cm y disponerlas en una bandeja de horno. Mezclar con un poco de aceite de oliva, vinagre de vino tinto, sal marina y pimienta negra, y asarla durante 35 minutos o hasta que esté bien dorada y tierna. Mientras, pelar el ajo, romper el pan en trozos pequeños y poner ambos en una fuente para el horno con las almendras. Meter la fuente en el horno cuando falten 15 minutos para que la coliflor esté cocida.

Cumplido el tiempo, sacar ambas fuentes del horno. Reservar un puñado de almendras y poner el resto en el vaso de la batidora con el ajo y el pan tostado, escurrir los pimientos y añadirlos, aliñar con 2 cucharadas de aceite de oliva y un toque de vinagre de vino tinto y batir bien hasta que quede una textura sedosa. Diluir la consistencia con un chorrito de agua si fuera necesario, probarlo y sazonar al gusto. Verter la salsa en una fuente, disponer la coliflor por encima, machacar o trocear las almendras reservadas y esparcirlas por encima antes de servir.

CALORÍAS	GRASAS	GR. SAT.	PROTEÍNAS	CARBOH.	AZÚCAR	SAL	FIBRA
286 kcal	15,7 g	1,9 g	11,1 g	25,2 g	9,8 g	0,8 g	4,5 g

RUMMANIYEH

GRANADA Y BERENJENA AHUMADA, GUISO DE LENTEJAS CON AJO

Esta es mi versión de un popular plato palestino. La palabra *rumman* significa «granada»; tradicionalmente se utiliza melaza de granada, pero para facilitar las cosas he empleado granada fresca, que me encanta.

PARA 4 PERSONAS | TIEMPO: 1 HORA

2 berenjenas (de 250 g cada una)

4 dientes de ajo

1 cucharada de mezcla de especias baharat

175 g de lentejas

1 granada grande madura

Cortar las berenjenas en cuartos y asarlas 6 minutos bajo el gratinador o hasta que estén tiernas y ligeramente chamuscadas, dándoles la vuelta con frecuencia. Pasarlas a una tabla de cortar y trocearlas. Pelar el ajo, cortarlo en rodajas finas, ponerlo en una sartén antiadherente grande a fuego medio con 1 cucharada de aceite de oliva, freírlo hasta que empiece a dorarse y sacar la mitad a un plato para decorar. En la sartén con el resto del ajo agregar la mitad de la berenjena troceada junto con la mezcla de especias, cocerlo unos minutos y añadir las lentejas y 1,5 litros de agua. Partir la granada en dos y, sosteniendo con la mano una mitad con el corte hacia abajo, golpear el dorso con una cuchara para que todos los granos caigan en un bol; añadir un buen chorro del zumo de la otra mitad. Exprimir el resto del zumo sobre la sartén y dejar cocer a fuego medio 45 minutos o hasta que las lentejas estén tiernas.

Cumplido el tiempo, añadir el resto de la berenjena y casi todos los granos de granada a la sartén, mezclar bien, probar y sazonar al gusto con sal marina y pimienta negra. Repartirlo entre los platos, esparcir por encima el ajo frito reservado y el resto de los granos de granada, y terminar con un chorrito de aceite de oliva virgen extra si se desea. Queda delicioso servido con pan de pita y cualquier hierba fresca que se tenga a mano.

CALORÍAS	GRASAS	GR. SAT.	PROTEÍNAS	CARBOH.	AZÚCAR	SAL	FIBRA
200 kcal	5,2 g	0,8 g	12,8 g	26,8 g	4,8 g	0,2 g	5,6 g

TORTILLA FRITTATA

PIMIENTO ASADO, PATATA Y CEBOLLA TIERNAS, HUEVOS Y BERROS

Inspirado en la apreciada tortilla española, este híbrido entre tortilla y frittata es un bonito regalo para llevar a cualquier hogar y, una vez se haya dominado el método, se puede probar a elaborarla con guisantes, alcachofas o champiñones.

PARA 4-6 PERSONAS | TIEMPO: 1 HORA

1 cebolla

1 kg de patatas

5 huevos grandes

230 g de pimientos rojos asados en conserva

80 g de berros

Pelar las patatas y las cebollas, cortarlas en rodajas muy finas y mezclar. Verter 1 cm de aceite de oliva en una sartén antiadherente refractaria de 24 cm a fuego medio. Pasado 1 minuto, añadir la mezcla de patata y cebolla (no hay que sazonarla aún, ya que deshidrataría las patatas) y sofreír durante 25 minutos o hasta que estén tiernas pero casi sin color, removiendo ligeramente de vez en cuando. Escurrir la mezcla de patata y cebolla y dejarla enfriar un poco. Batir los huevos en un bol, añadir la cebolla y la patata, mezclarlo con cuidado y dejar reposar 5 minutos; la patata empezará a absorber el huevo y deberían verse burbujitas alrededor de la patata y la cebolla. Escurrir los pimientos, cortarlos en tiras finas, incorporar a la mezcla de huevo y sazonar al gusto con sal marina y pimienta negra. Precalentar el horno a 160 °C.

Pasar un papel de cocina por la sartén para limpiarla, echar un chorrito de aceite de oliva y ponerla a fuego lento. Verter la mezcla del bol a la sartén y repartirla bien. Cocerla en la sartén 5 minutos y luego meterla en el horno 10 minutos más. Pasado ese tiempo, sacar la sartén del horno, dejarla reposar 5 minutos y pasar un cuchillo por los bordes para que la tortilla se suelte. Darle la vuelta rápidamente y con decisión, utilizando un plato o una tapa plana que sean más grandes que la sartén, y servir esparciendo por encima una pizca de sal y los berros. Está deliciosa fría o caliente.

CALORÍAS	GRASAS	GR. SAT.	PROTEÍNAS	CARBOH.	AZÚCAR	SAL	FIBRA
791 kcal	46,5 g	10,6 g	44,6 g	54 g	10,5 g	1,2 g	7,2 g

CALABACINES RELLENOS

RELLENO DE MENTA, FETA Y CEREALES, SALSA DE TOMATE

Por algo las verduras rellenas son omnipresentes en el Mediterráneo: el sabor y la textura que se consiguen cocinando verduras dentro de otras verduras es extraordinario.

PARA 4-6 PERSONAS | TIEMPO: 1 HORA Y 10 MINUTOS

8 calabacines grandes

1 manojo de menta (30 g)

250 g de cereales variados precocidos

100 g de queso feta

1 lata (de 400 g) de tomates pera

Precalentar el horno a 200 °C. Limpiar los calabacines, cortarlos en trozos de 4 cm y vaciarlos con un descorazonador de manzanas (o una cucharilla), reservando la pulpa y las semillas y dejando ½ cm sin vaciar hasta los bordes. Sazonar muy generosamente con sal marina, llegando bien hasta los centros (no hay que preocuparse, porque después se aclara). Mientras, separar del tallo la mitad de las hojas de menta y picarlas finas con unos 250 g de la pulpa de calabacín reservada (desechando el resto), y agregar los cereales y casi todo el feta troceado. Sazonar con sal, pimienta negra y 1 cucharada de vinagre de vino tinto, y mezclar bien.

Aclarar con agua la sal de los calabacines y secarlos dándoles toques con papel de cocina. Rellenarlos a continuación con la mezcla de cereales, apretando bien con los pulgares por cada uno de los extremos. Alinearlos en una fuente para el horno, con uno de los lados cortados hacia abajo. Asarlos 50 minutos o hasta que estén bien tiernos. Mientras, para elaborar la salsa, estrujar los tomates sobre un bol con las manos limpias, añadir 2 cucharadas de aceite de oliva virgen extra y picar el resto de las hojas de menta e incorporarlas, reservando algunas de las más pequeñas para decorar. Sazonar al gusto con sal, pimienta y vinagre de vino tinto. Pasados los 50 minutos, verter la salsa por encima y alrededor de los calabacines y dejarlo 5 minutos más en el horno para que se caliente. Desmigar por encima el resto del feta, esparcir las hojas de menta reservadas y rociar un chorrito de aceite de oliva virgen extra si se desea.

CALORÍAS	GRASAS	GR. SAT.	PROTEÍNAS	CARBOH.	AZÚCAR	SAL	FIBRA
469 kcal	22,5 g	6 g	20,1 g	47,8 g	15,3 g	1,8 g	9,3 g

TESCO
MIXED GRAINS

Napolina
PEELED PLUM TOMATOES

CALABAZA AGRIDULCE

ACEITUNAS MARINADAS, PIÑONES Y VERDURAS DE HOJA VERDE DE TEMPORADA

En todo el Mediterráneo pueden encontrarse métodos de cocción que extraen el dulzor de las verduras y, con un chorrito de vinagre, se puede conseguir un delicioso sabor agridulce que lleva a las humildes verduras a otro nivel.

PARA 4 PERSONAS | TIEMPO: 55 MINUTOS

1 calabaza moscada (1,2 kg)

2 cebollas

150 g de aceitunas marinadas variadas

100 g de piñones

500 g de verduras de hoja verde de temporada, como acelgas de colores o cavolo nero

Frotar la piel de la calabaza para limpiarla, abrirla por la mitad a lo largo y vaciar las semillas (me gusta dejar la piel porque le aporta un delicioso sabor a frutos secos). Pelar las cebollas. Cortarlo todo en dados de 1 cm. Ponerlos en una sartén antiadherente grande o una cazuela a fuego medio con 2 cucharadas de aceite de oliva y sofreír durante 25 minutos, removiendo con frecuencia. Agregar 2 cucharadas de vinagre de vino tinto, taparlo y cocer 25 minutos más o hasta que las verduras estén bien tiernas. Trocear las aceitunas (retirar el hueso, en caso necesario) y los ingredientes de la marinada, si hubiera, y echarlo en la sartén junto con los piñones. Sazonar al gusto.

Mientras, preparar las verduras de hoja verde, desechando los tallos más duros (a mí me gusta picar finos los tallos tiernos y añadirlos a la sartén de la calabaza). Escaldar las verduras en una cacerola grande con agua hirviendo con sal durante 30 segundos, hasta que estén tiernas pero no demasiado mustias, escurrirlas bien y disponerlas sobre un paño de cocina limpio. Cuando se hayan enfriado lo bastante para manipularlas, apilarlas en el centro, envolverlas y apretar el paño bien para escurrir el líquido sobrante. Picarlas gruesas y repartirlas entre los platos. Con una cuchara, echar por encima la mezcla de calabaza y servir.

CALORÍAS	GRASAS	GR. SAT.	PROTEÍNAS	CARBOH.	AZÚCAR	SAL	FIBRA
470 kcal	32 g	3,1 g	10,5 g	37,1 g	20,9 g	1,8 g	7,8 g

EMPANADAS Y BOCADITOS SALADOS

EMPANADA GRIEGA DE FETA Y ESPINACAS

AROMÁTICO ENELDO Y SEMILLAS DE SÉSAMO DORADO

En toda Grecia se encuentran maravillosos pasteles salados repletos de espinacas, eneldo y feta que me inspiraron a elaborar esta variante sencilla con 5 ingredientes. Con abundante sésamo, de verdad está deliciosa.

PARA 6 PERSONAS | TIEMPO: 40 MINUTOS

350 g de espinacas congeladas

500 g de harina con levadura, y un poco más para espolvorear

2 manojos de eneldo (40 g)

200 g de queso feta

75 g de semillas de sésamo

Precalentar el horno a 220 °C. Descongelar las espinacas y escurrir el máximo de líquido posible. En un bol, mezclar la harina con una pizca de sal marina e incorporar gradualmente 325 ml de agua mientras se va removiendo con un tenedor. En cuanto la masa tome forma, enharinarse las manos y amasar hasta que se desprenda de las paredes del bol y la masa quede fina; luego, pasarla a una superficie grande engrasada con aceite y dejarla reposar. Picar finos el eneldo y las espinacas (incluidos los tallos), desmigar por encima el feta y mezclar bien con una pizca de pimienta negra.

Estirar la masa en una superficie de trabajo engrasada con aceite hasta alcanzar un tamaño de aproximadamente 40 cm × 60 cm; yo lo hago con las manos, pero se puede usar un rodillo si se prefiere. Con cuidado, levantar la masa y poner la mitad en una bandeja de 30 cm × 40 cm, dejando el resto colgar por fuera. Extender de manera uniforme la mezcla de espinacas por la masa que hay sobre la bandeja, dejando 2 cm sin relleno hasta el borde. Doblar con cuidado la mitad que había quedado fuera de la bandeja y apretar o doblar los bordes para sellarla. Pintar con aceite la parte superior y espolvorear por encima las semillas de sésamo, presionando y dando golpecitos para que se peguen a la masa. Hornear en la parte inferior del horno durante 25 minutos o hasta que se dore. Está deliciosa caliente, a temperatura ambiente o fría de la nevera.

CALORÍAS	GRASAS	GR. SAT.	PROTEÍNAS	CARBOH.	AZÚCAR	SAL	FIBRA
454 kcal	15,9 g	6,1 g	9,3 g	59,9 g	1,5 g	2,3 g	4,3 g

PAQUETITOS CRUJIENTES DE LANGOSTINOS

MASA FINA Y DORADA, ACEITE DE HARISSA Y LIMÓN

Mi objetivo era lograr una pasta fácil de hacer parecida a la clásica pasta brick que probé en Túnez y que llevaba años intentando conseguir. Es muy divertida: solo hay que tener confianza y lanzarse.

PARA 4 PERSONAS (12 PAQUETITOS) | TIEMPO: 45 MINUTOS

250 g de harina de fuerza

400 g de langostinos grandes pelados crudos

1 huevo grande

1 limón

2 cucharadas de harissa de rosas

Verter 150 ml de agua hirviendo en un bol con una buena pizca de sal marina. Dejar enfriar 2 minutos y entonces, con un tenedor, incorporar la harina hasta que la consistencia permita manipularla. Amasarla 5 minutos o hasta que quede fina y elástica. Untar ligeramente una superficie limpia de 50 cm × 50 cm con aceite de oliva. Poner encima la masa, taparla con el bol y dejarla reposar 10 minutos. Mientras, picar gruesos la mitad de los langostinos y cortar muy finos la otra mitad. Batir el huevo e incorporar todos los langostinos. Rallar fina la piel de medio limón, añadirla a los langostinos y sazonar con sal y pimienta negra. Diluir la consistencia de la harissa con 2 cucharadas de aceite de oliva virgen extra.

Dividir la masa en dos y, con cuidado, estirar uno de los trozos todo lo posible, dejando el otro trozo tapado. Poco a poco, tirar de una esquina hacia arriba y hacia afuera, tirando y estirando, repitiendo por todo el contorno de la masa hasta obtener una lámina grande y muy fina (de unos 40 cm × 40 cm). Cortar la lámina en 6 rectángulos y echar una cucharadita de harissa en el centro de cada uno. Repartir la mitad de la mezcla de langostinos entre los 6 rectángulos y luego doblar cada esquina por encima del relleno para formar 6 paquetitos (no tienen que quedar perfectos), adaptándose a la forma que adopten naturalmente y parcheándolos sobre la marcha. Poner una sartén antiadherente grande a fuego medio con 1 cucharadita de aceite de oliva, añadir los paquetitos (no hay que preocuparse si el relleno se sale) y freírlos 2 minutos y medio por cada lado o hasta que estén dorados y crujientes. Repetir la operación. Servir con cuñas de limón y un chorrito más de aceite de harissa si se desea.

CALORÍAS	GRASAS	GR. SAT.	PROTEÍNAS	CARBOH.	AZÚCAR	SAL	FIBRA
440 kcal	17,1 g	2,6 g	26,8 g	47,7 g	1,4 g	1,2 g	2,3 g

RECTÁNGULOS DE PASTA FILO Y FETA

MEJORANA FRESCA, MIEL LÍQUIDA Y COBERTURA DE PISTACHOS

De adolescente fui de vacaciones a Chipre y me encantaron las recetas en las que se cocinaba el queso feta en lugar de servirlo crudo en ensaladas. En mi opinión, el resultado es de lo más sencillo, satisfactorio e impresionante.

PARA 4 PERSONAS | TIEMPO: 20 MINUTOS

4 hojas de pasta filo

200 g de queso feta

½ manojo de mejorana (10 g)

25 g de pistachos sin cáscara y sin sal

miel líquida, para servir

Extender una hoja de pasta filo en un paño de cocina húmedo y pintarlo ligeramente con aceite de oliva. Desmigar un cuarto del queso feta en un lado de la pasta, dejando 3 cm sin relleno hasta el borde, y echar por encima un cuarto de las hojas de mejorana. Doblar la pasta por la mitad, apretar los bordes para sellarlos y doblar otra vez por la mitad, presionando suavemente. Pintarlo ligeramente con aceite de oliva.

Poner una sartén antiadherente grande a fuego medio con un chorrito de aceite de oliva, añadir los paquetitos de pasta filo y freírlos 2 minutos por cada lado o hasta que estén dorados y crujientes, y pasarlos a una fuente. Mientras, machacar o picar gruesos los pistachos. Regar el primer rectángulo con miel y echar por encima una cuarta parte de los pistachos. Repetir la operación con el resto de los ingredientes, sirviendo cada rectángulo en cuanto esté listo.

CALORÍAS	GRASAS	GR. SAT.	PROTEÍNAS	CARBOH.	AZÚCAR	SAL	FIBRA
269 kcal	15,6 g	9,1 g	11,4 g	22 g	9,2 g	1,1 g	1,1 g

HOJAS DE COL RELLENAS

CON SALCHICHAS Y ARROZ, SALSA DE TOMATE Y CAMEMBERT DERRETIDO

Me encantan los platos de col rellena, pero suelen tener muchos ingredientes y pasos, así que he simplificado esta receta con algunos atajos para que pueda prepararse en un día ajetreado.

PARA 4 PERSONAS | TIEMPO: 1 HORA

1 repollo grande

6 salchichas de cerdo picantes (400 g en total)

500 g de arroz basmati cocido

2 latas (de 400 g cada una) de tomates pera

1 queso camembert redondo (250 g)

Precalentar el horno a 180 °C. Separar y limpiar 8 hojas grandes de col (me gustan las que son ligeramente amarillas; guardar el resto de la col para otro día). Retirar los tallos más duros y secos y escaldar las hojas en una cazuela grande con agua hirviendo con sal durante 6 minutos o hasta que estén tiernas y puedan doblarse. Escurrirlas, enfriarlas bajo un chorro de agua fría y secarlas dándoles toques con un paño de cocina limpio. Mientras, extraer la carne de las salchichas y descartar la piel, sazonar con sal marina y pimienta negra, amasarla y mezclarla con el arroz. Dividirla en 8 porciones y formar una bola con cada una.

Abrir las hojas de col y poner una bola de carne en el centro de cada una. Cerrar las hojas y enrollarlas para crear 8 paquetes. Con las manos limpias, estrujar los tomates sobre una cazuela grande poco profunda. Añadir ½ lata de agua, sazonar al gusto, poner la cazuela al fuego y llevarla a ebullición. Disponer los paquetitos de col encima del tomate con la parte más bonita hacia arriba. Cortar con un cuchillo la corteza del camembert, insertar el queso en el centro de la cazuela y hornear 30 minutos. Echar cucharadas del queso por encima de los paquetes de col y hornear unos últimos 10 minutos o hasta que esté bien dorado. Para servir, echar una pizca de pimienta por encima y un chorrito de aceite de oliva virgen extra si se desea. Está delicioso acompañado de pan crujiente o de un puré de patatas.

CALORÍAS	GRASAS	GR. SAT.	PROTEÍNAS	CARBOH.	AZÚCAR	SAL	FIBRA
682 kcal	39,8 g	18 g	36,5 g	46,7 g	10,7 g	2,5 g	6,3 g

TESCO
BASMATI RICE

Napolina
PEELED PLUM TOMATOES

PANES PLANOS RELLENOS

VERDURAS MEDITERRÁNEAS, MENTA FRESCA, PISTACHOS Y SABROSO FETA

Inspirada en los panes planos tradicionales turcos llamados *pide*, esta es una versión más sencilla pero que no pierde un ápice de sabor, y constituye una comida o cena para llevar que puede disfrutarse caliente o fría.

PARA 4 PERSONAS | TIEMPO: 1 HORA

700 g de verduras mediterráneas asadas congeladas

400 g de harina con levadura, y un poco más para espolvorear

1 manojo de menta (30 g)

30 g de pistachos sin cáscara y sin sal

100 g de queso feta

Precalentar el horno a 200 °C. Verter las verduras congeladas en una sartén antiadherente grande a fuego medio-alto con 1 cucharada de aceite de oliva. Sofreírlas 15 minutos o hasta que estén bien tiernas, removiendo con frecuencia. Entretanto, en un bol, mezclar la harina con una pizquita de sal marina e incorporar gradualmente 275 ml de agua mientras se va removiendo con un tenedor. Pasar la masa a una superficie de trabajo enharinada y trabajarla unos minutos hasta que quede fina; luego, taparla y dejarla reposar.

Cuando las verduras estén casi listas, separar del tallo las hojas de menta y picarlas gruesas. Picar los pistachos muy finos o machacarlos, e incorporar la mitad a la sartén de las verduras junto con casi todas las hojas de menta. Echar también la mitad del feta desmigado y sazonar al gusto. Dividir la masa en 4 porciones y estirar cada una hasta que mida aproximadamente 12 cm × 16 cm. Con una cuchara, pasar una cuarta parte del relleno al centro de cada porción de masa, y luego doblar y juntar las esquinas más cortas (como en la foto), pellizcando la masa para que se sujete. Pasar los panes a una bandeja untada con aceite y desmigar por encima el resto del feta. Pintar la masa con aceite de oliva y hornear 20 minutos o hasta que estén dorados y bien cocidos. Antes de servir, echar por encima las hojas de menta y pistachos restantes.

CALORÍAS	GRASAS	GR. SAT.	PROTEÍNAS	CARBOH.	AZÚCAR	SAL	FIBRA
654 kcal	17,9 g	6 g	20 g	104,3 g	18,6 g	1,5 g	11,1 g

PIZZA AL PESTO EN BANDEJA DE HORNO

AROMÁTICAS ALCACHOFAS, DULCES TOMATES CHERRY Y MOZZARELLA

¿A quién no le gusta la pizza? Hay infinitas propuestas maravillosas, y esta masa rápida es ideal para improvisar una comida de última hora. Unos pocos preparativos y el horno se encarga del resto.

PARA 4 PERSONAS | PREPARACIÓN: 15 MINUTOS | COCCIÓN: 30 MINUTOS

500 g de harina con levadura, y un poco más para espolvorear

2 cucharadas de pesto verde

125 g de mozzarella de búfala

350 g de tomates cherry maduros de colores variados

280 g de corazones de alcachofa en conserva de aceite

Precalentar el horno a 200 °C. Untar una bandeja para el horno de 25 × 35 cm con un poco de aceite de oliva. En un bol, mezclar la harina con una pizquita de sal marina e incorporar gradualmente 275 ml de agua mientras se va removiendo con un tenedor. Pasar la masa a una superficie de trabajo enharinada y trabajarla unos minutos hasta que quede fina; luego, con un rodillo, estirarla hasta formar un rectángulo ligeramente más grande que la bandeja. Ir enharinando el rodillo mientras se trabaja. Con cuidado, levantar la masa y ponerla en la bandeja, dejando que cuelgue por los bordes. Frotar toda la masa con pesto y romper por encima la mozzarella.

Cortar los tomates cherry por la mitad y escurrir las alcachofas, reservando el aceite. Regar los tomates y las alcachofas con 1 cucharada del aceite de alcachofas, añadir una pizca de pimienta negra y repartir por encima de la masa. Enrollar y doblar la masa que sobresale de la bandeja para formar los bordes de la pizza y pintarlos con un poco más de aceite de alcachofas. Cocer la pizza en la parte inferior del horno durante 30 minutos o hasta que esté dorada y haya subido. Ideal con una ensalada para acompañar.

CALORÍAS	GRASAS	GR. SAT.	PROTEÍNAS	CARBOH.	AZÚCAR	SAL	FIBRA
599 kcal	17 g	5,9 g	7,4 g	90,9 g	2,9 g	2,4 g	7 g

SELF RAISING

GREEN

Jamie Oliver
HEARTS

2000
kg

NIKE
THESE GUNS ARE
LOADED

MARISCO

CREMOSO RISOTTO DE MEJILLONES

AROMÁTICO HINOJO, TOMATES DULCES Y PARMESANO

Preparar el risotto favorito de los italianos con solo 5 ingredientes requiere inventiva para no perder un ápice de sabor. A los mejillones no suele dárseles el protagonismo que merecen, pero son una opción económica, saludable y muy sostenible.

PARA 4 PERSONAS | TIEMPO: 40 MINUTOS

1 bulbo de hinojo grande, a ser posible con las hojas superiores

600 g de tomates maduros

300 g de arroz para risotto

1 kg de mejillones, limpios y sin barbas

30 g de queso parmesano, y un poco más para servir

Limpiar el hinojo, reservando las hojas superiores si las hubiera, en un bol con agua fría. Picar fino el resto y ponerlo en una cazuela grande honda a fuego medio con 2 cucharadas de aceite de oliva. Sofreír 10 minutos o hasta que esté tierno, removiendo con frecuencia. Mientras, cortar los tomates en seis cuñas y retirar las semillas del centro (para no desperdiciar, pasar las semillas por un colador para extraer los jugos).

Poner agua a hervir. Añadir el arroz a la cazuela y saltear durante 2 minutos. Agregar un buen chorro de agua hirviendo, esperar hasta que se absorba del todo y añadir un poco más, removiendo sin parar y agregando más agua durante 12 minutos. Comprobar los mejillones; darles unos pequeños golpes a los que estén abiertos y desechar los que no se cierren. Incorporar los mejillones, los tomates y los jugos del tomate al arroz, taparlo y cocinarlo 7 minutos o hasta que los mejillones se hayan abierto del todo (retirar los que sigan cerrados) y el arroz esté cocido. Apagar el fuego, rallar fino el parmesano, incorporarlo junto con 2 cucharadas de aceite de oliva virgen extra y sazonar al gusto. Mientras el arroz reposa durante un par de minutos, yo suelo separar de las valvas la mitad de los mejillones. Antes de servir, esparcir por encima las hojas de hinojo reservadas y un poco más de parmesano rallado si se desea.

CALORÍAS	GRASAS	GR. SAT.	PROTEÍNAS	CARBOH.	AZÚCAR	SAL	FIBRA
559 kcal	18,2 g	3,8 g	21,7 g	83,5 g	4,7 g	1 g	8 g

BROCHETAS DE LANGOSTINOS Y PANCETA
JUGOSA ENSALADA DE TOMATE CON AJO FRITO Y ROMERO

Solo se tarda 20 minutos en preparar esta sencilla ensalada, que saca todo el partido de unos pocos ingredientes populares en buena parte del sur de Europa. Mejor si se escogen tomates de temporada maduros.

PARA 2 PERSONAS | TIEMPO: 18 MINUTOS

500 g de tomates maduros de colores variados

8 langostinos grandes crudos sin pelar

4 lonchas de panceta ahumada

2 ramitas grandes y firmes de romero

2 dientes de ajo

Cortar los tomates en rodajas finas y disponerlos en los platos de servir. Sazonar con un poco de sal marina y pimienta negra y regar con 1 cucharada de aceite de oliva virgen extra y ½ cucharada de vinagre de vino tinto. Pelar los langostinos, dejando las cabezas y las colas. Luego, yo suelo pasar un cuchillito afilado por el lomo para retirar el hilo intestinal y que se abran en forma de mariposa al cocinarlos. Cortar cada loncha de panceta por la mitad y enrollar una mitad en cada langostino. Separar casi todas las hojas de la ramita del romero y usarla para ensartar los langostinos (o emplear brochetas de madera). Pelar el ajo y cortarlo en rodajas finas.

Poner una sartén antiadherente grande a fuego alto y, cuando esté caliente, añadir los langostinos con un poco de aceite de oliva. Cocinarlos 2 minutos, darles la vuelta y agregar las hojas de romero. Cocinarlos otros 2 minutos o hasta que estén dorados y crujientes, añadiendo el ajo en el último minuto. Para servir, disponerlo todo por encima de los tomates.

CALORÍAS	GRASAS	GR. SAT.	PROTEÍNAS	CARBOH.	AZÚCAR	SAL	FIBRA
272 kcal	12,3 g	2,3 g	31,6 g	9,3 g	7,6 g	1,6 g	3,4 g

CALAMARES A LA PLANCHA

SALSA DE CHORIZO, TOMATE Y MENTA AL LIMÓN

Por todo el Mediterráneo se encuentran atrevidas combinaciones de mar y montaña, y ¡qué bien funcionan! En esta receta confluyen con armonía mis ingredientes favoritos.

PARA 2 PERSONAS | TIEMPO: 16 MINUTOS

2 tomates grandes muy maduros (300 g en total)

300 g de calamares enteros limpios

70 g de chorizo o salchicha picante

½ manojo de menta (15 g)

1 limón

Con el lado fino de un rallador, rallar los tomates, desechando las pieles. Cortar un lado de los calamares y abrirlos como si fueran un libro; hacerles unos ligeros cortes en diagonal a intervalos de ½ cm en ambos sentidos (sin llegar a traspasar el calamar), cortar y reservar los tentáculos y sazonar con sal marina y pimienta negra. Cortar el chorizo (o deshacer las salchichas picantes y desechar las pieles) y separar del tallo las hojas de menta. Precalentar una sartén antiadherente grande a fuego muy alto. Pasados 3 minutos, echar 1 cucharada de aceite de oliva, poner los calamares en la sartén con la parte marcada hacia abajo y, con una espátula, presionar durante 1 minuto y luego añadir los tentáculos y el chorizo (o la salchicha). Repartir por encima la mitad de las hojas de menta y cocinar 3 minutos, removiendo con frecuencia.

Pasar el calamar a un plato, verter los tomates en la sartén y exprimir un poco de zumo de limón. Cocinar 2 minutos más o hasta que la salsa haya espesado y reducido, y repartirla entre los platos. Cortar en tiras de ½ cm los calamares y echarlos sobre la salsa junto con el resto de las hojas de menta. Servir con el resto del limón cortado en cuñas para exprimir por encima.

CALORÍAS	GRASAS	GR. SAT.	PROTEÍNAS	CARBOH.	AZÚCAR	SAL	FIBRA
344 kcal	20,5 g	5,8 g	32,6 g	7,8 g	5,1 g	1,7 g	1,9 g

LANGOSTINOS MELOSOS AL LIMÓN

CALABACINES ASADOS, CEREALES VARIADOS Y PISTACHOS

La forma en que los griegos sacan partido de los cereales me inspiró a crear esta receta. Es un homenaje a los calabacines, el limón, los pistachos y los langostinos, pero lo que sorprende es la forma tan interesante de servirlo.

PARA 2 PERSONAS | TIEMPO: 28 MINUTOS

2 calabacines

8 langostinos grandes crudos sin pelar

30 g de pistachos sin cáscara y sin sal

2 limones

250 g de cereales variados precocidos

Poner una sartén antiadherente grande a fuego alto. Limpiar el calabacín, cortarlo en rodajas muy finas y —por tandas— asarlo ligeramente en la sartén caliente en seco en una sola capa y solo por un lado. Cuando estén asados, pasarlos a un bol. Mientras, pelar los langostinos, dejando las cabezas y las colas. Luego, yo suelo pasar un cuchillito afilado por el lomo para retirar el hilo intestinal y que se abran en forma de mariposa al cocinarlos. Rociarlos con 1 cucharada de aceite de oliva y sazonar con sal marina y pimienta negra. Picar los pistachos muy finos o machacarlos, y cortar tiras de la piel de uno de los limones con un pelador.

Cuando todos los calabacines estén asados, echar los cereales en el mismo bol con el zumo de 1 limón, 2 cucharadas de aceite de oliva virgen extra y la mitad de los pistachos, y sazonar al gusto. Bajar el fuego a medio-alto, agregar los langostinos y la piel del limón y freírlos 1 minuto. Dar la vuelta a los langostinos, verter la mezcla de cereales en la sartén y, con una espátula, ir repartiendo y apretando los cereales y los calabacines alrededor de los langostinos. Cocerlo 3 minutos, taparlo con un plato grande que justo quepa dentro de la sartén y darle la vuelta con confianza; si se rompe un poco, no pasa nada. Echar por encima el resto de los pistachos y servirlo con cuñas de limón para exprimirlas por encima.

CALORÍAS	GRASAS	GR. SAT.	PROTEÍNAS	CARBOH.	AZÚCAR	SAL	FIBRA
548 kcal	31,5 g	4,6 g	21,7 g	43,7 g	7,4 g	1,3 g	7,4 g

MIXED GRAINS

CALAMARES NEGROS

ORÉGANO FRITO, AJO, MORCILLA Y VINO TINTO

A los españoles les encanta combinar marisco y morcilla —a mí también—, y esa ha sido la inspiración de este guiso muy rápido, de sabores intensos, que contrasta con la naturaleza delicada del calamar y lo realza

PARA 2 PERSONAS | TIEMPO: 16 MINUTOS

300 g de calamares enteros limpios

½ manojo de orégano (10 g)

2 dientes de ajo

200 g de morcilla

200 ml de vino tinto

Cortar y reservar los tentáculos del calamar y cortar en anillas el resto, mezclándolo con un poco de aceite de oliva y sal marina. Echar 1 cucharada de aceite de oliva en una sartén antiadherente grande a fuego medio-alto, agregar las hojas del orégano y freírlas hasta que queden crujientes; sacarlas a un plato. Pelar el ajo, cortarlo en rodajas, echarlo en la sartén y freírlo hasta que se dore. Desmigar la morcilla en la sartén, desechando la piel, añadir los tentáculos de calamar y cocinarlo durante 3 minutos, rompiendo la morcilla con una cuchara mientras se remueve. Agregar el vino, dejar que borbotee y se evapore, añadir un buen chorro de agua (para diluir la consistencia hasta asemejarse a un ragú) y sazonar al gusto con sal y pimienta negra. Bajar el fuego a medio-bajo y disponer por encima las anillas de calamar. Tapar la sartén y cocinarlo 5 minutos más o hasta que el calamar esté tierno. Antes de servir, echar por encima el orégano frito y un chorrito de aceite de oliva virgen extra si se desea.

CALORÍAS	GRASAS	GR. SAT.	PROTEÍNAS	CARBOH.	AZÚCAR	SAL	FIBRA
548 kcal	31,8 g	9,6 g	32,8 g	17,7 g	0,6 g	2,8 g	0,4 g

JUDÍAS Y LANGOSTINOS CAMPEONES

HARISSA Y PICATOSTES DE PAN DE AJO

Qué receta tan rápida y deliciosa... Un humilde plato de judías siempre se verá realzado por el rojo brillante de la harissa tunecina. Como contraste, nada más que langostinos al ajillo y picatostes. ¡Tremendo!

PARA 2 PERSONAS | TIEMPO: 20 MINUTOS

175 g de pan de masa madre

300 g de langostinos grandes pelados crudos

6 dientes de ajo

400 g de alubias blancas, tipo cannellini, en conserva

1 cucharada de harissa o harissa de rosas

Cortar el pan en dados de 2,5 cm. Ponerlos en una sartén antiadherente grande a fuego alto y tostarlos hasta que estén dorados, dándoles la vuelta con frecuencia. Mientras, retirar el hilo intestinal a los langostinos. Ponerlos en un bol con 1 cucharada de aceite de oliva y una pizca de sal marina y pimienta negra; luego, pelar el ajo, cortarlo en rodajas finas, añadirlo al bol y mezclar bien. Verter las judías en una cacerola (incluido el líquido de la conserva), añadir la harissa, tapar y dejar cocer a fuego lento 5 minutos o hasta que espesen, removiendo de vez en cuando. Cuando el pan esté dorado, verter el contenido del bol en la sartén. Añadir un chorrito de vinagre de vino tinto y dejarlo 2 minutos o hasta que los langostinos empiecen a estar cocidos, removiendo con frecuencia. Probar las judías, sazonar al gusto y repartir entre los platos. Coronarlas con los langostinos y los picatostes y ¡a comer!

CALORÍAS	GRASAS	GR. SAT.	PROTEÍNAS	CARBOH.	AZÚCAR	SAL	FIBRA
431 kcal	10,5 g	1,6 g	40,5 g	38,7 g	2,2 g	1,8 g	8,4 g

Al'fez
HARISSA PASTE

GUISO DE CALAMARES

TOMATES, GUISANTES, JUDÍAS VERDES, ONDAS DE CRÈME FRAÎCHE

Crecí pensando que los guisos se elaboraban principalmente con carne, pero en el Mediterráneo preparan unos de marisco increíbles. Aquí he utilizado guisantes y judías congelados, pero pueden ser frescos o en conserva.

PARA 4 PERSONAS | TIEMPO: 40 MINUTOS

600 g de calamares enteros limpios

4 dientes de ajo

320 g de mezcla de judías verdes y guisantes congelados

2 latas (de 400 g cada una) de tomates pera

2 cucharadas de crème fraîche semidesnatada

Poner los calamares en una sartén antiadherente grande a fuego medio con 1 cucharada de aceite de oliva y freírlos 3 minutos, dándoles la vuelta con frecuencia. Pelar el ajo, cortarlo en rodajas finas, echarlo en la sartén y freírlo otros 3 minutos; luego, añadir los guisantes y judías congelados. Con las manos limpias, estrujar los tomates sobre la sartén, removerlo todo bien, tapar y cocer a fuego lento durante 30 minutos o hasta que los calamares estén bien tiernos, removiendo de vez en cuando. Retirar los calamares, cortarlos en trozos gruesos, devolverlos a la sartén, incorporarlos al guiso y sazonar al gusto con sal marina y pimienta negra. Crear unas ondas con la crème fraîche, rociar con un chorrito de aceite de oliva virgen extra y servir acompañado de pan crujiente si se desea.

CALORÍAS	GRASAS	GR. SAT.	PROTEÍNAS	CARBOH.	AZÚCAR	SAL	FIBRA
253 kcal	7,9 g	1,9 g	30,5 g	16,3 g	8,9 g	0,5 g	6,5 g

Napolina

ARROZ CON LANGOSTINOS

CEBOLLAS COCIDAS A FUEGO MUY LENTO, PIMIENTOS DULCES Y LIMÓN

En Cataluña se encontrarán montones de platos de arroz increíbles antes incluso de ver una paella, así que he aprovechado parte de lo aprendido en mis viajes para elaborar este plato delicioso y sencillo que a la gente le encanta.

PARA 4 PERSONAS | TIEMPO: 1 HORA

4 cebollas

12 langostinos grandes crudos sin pelar

3 pimientos de colores variados

300 g de arroz para paella

1 limón

Poner agua a hervir. Pelar las cebollas, picarlas finas y ponerlas en una cazuela con 2 cucharadas de aceite de oliva a fuego medio-bajo; rehogarlas durante 30 minutos o hasta que adquieran un color dorado oscuro, removiendo con frecuencia (esta base es clave para obtener un sabor intenso y delicioso; cuanto más oscuro, mejor). Mientras, pelar 7 langostinos, retirar las cabezas (buena parte del increíble sabor proviene de ahí), retirar el hilo intestinal, picarlos gruesos y reservar. Poner las cabezas y las cáscaras en una cazuela pequeña con 1 cucharada de aceite de oliva. Cocinarlas 2 minutos, removiendo y aplastando, para obtener un delicioso aceite de langostinos; luego, añadir 1 litro de agua hirviendo y dejar cocer a fuego lento; reducir un poco para hacer un caldo.

Quitar las semillas de los pimientos y cortarlos en trozos de 1 cm. Cuando la cebolla esté lista, añadir el arroz a la cazuela y rehogarlo 2 minutos. Colar el caldo sobre una jarra graduada grande, añadir agua hirviendo hasta obtener 800 ml y verterlo en la cazuela. Cocerlo tapado durante 15 minutos, incorporando los pimientos en los últimos 5 minutos; añadir entonces los langostinos troceados, removerlo todo bien y sazonar al gusto con sal marina y pimienta negra. Pelar el resto de los langostinos, retirar el hilo intestinal (dejando la cabeza y las colas) y disponerlos por encima del arroz, hundiéndolos un poco con una espátula. Tapar, cocer 5 minutos más y destapar. Cuando el arroz empiece a crepitar un poco, es el momento de servir. Cortar el limón en cuñas para exprimirlas por encima.

CALORÍAS	GRASAS	GR. SAT.	PROTEÍNAS	CARBOH.	AZÚCAR	SAL	FIBRA
445 kcal	8 g	1,2 g	14,9 g	83,6 g	16,5 g	0,8 g	7,6 g

MEJILLONES CROATAS

PICATOSTES AL AJO, VINO BLANCO Y TOMATES

Esta receta, muy rápida y fácil, está inspirada en un plato croata de marisco llamado *buzara*, que significa «guiso». Le he añadido tomates, que combinan estupendamente con el vino, las hierbas y los picatostes al ajo.

PARA 2 PERSONAS | TIEMPO: 14 MINUTOS

50 g de pan de ajo

600 g de mejillones, limpios y sin barbas

1 manojo de perejil (30 g)

250 g de tomates cherry maduros de colores variados

150 ml de vino blanco

Triturar el pan de ajo hasta obtener pan rallado y tostarlo en una cazuela grande a fuego medio, removiendo con frecuencia. Mientras, comprobar los mejillones; darles unos pequeños golpes a los que estén abiertos y desechar los que no se cierren. Picar fino el perejil (incluidos los tallos) y partir los tomates por la mitad. Cuando el pan rallado esté dorado, sacar casi todo a un plato. Subir el fuego, incorporar los mejillones, el perejil, el vino y los tomates junto con 1 cucharada de aceite de oliva, y cocinarlo 2 minutos. Remover bien, añadir 50 ml de agua, taparlo y proseguir la cocción durante 3 minutos.

Cuando todos los mejillones se hayan abierto y se vean tiernos y jugosos, estarán listos. Retirar los que sigan cerrados. Emplatar, rociar con un chorrito de aceite de oliva virgen extra y servir acompañado del resto del pan rallado crujiente para esparcir por encima al gusto.

CALORÍAS	GRASAS	GR. SAT.	PROTEÍNAS	CARBOH.	AZÚCAR	SAL	FIBRA
252 kcal	18,6 g	4,2 g	17 g	18,3 g	5,1 g	1 g	2,6 g

BROCHETAS MAR Y MONTAÑA

LANGOSTINOS, JAMÓN Y SETAS, PUERROS ASADOS Y CREMOSAS ALUBIAS

A lo largo y ancho del Mediterráneo, los alimentos del mar y de la montaña se entremezclan creando sabores espectaculares. Aquí resulta fascinante el maridaje entre los langostinos y las setas.

PARA 2 PERSONAS | TIEMPO: 45 MINUTOS

2 puerros medianos

8 langostinos grandes crudos sin pelar

160 g de setas variadas

40 g de jamón ibérico u otro jamón español de calidad

700 g de alubias blancas en conserva

Precalentar el horno a 180 °C. Poner los puerros enteros directamente sobre la rejilla del horno durante 40 minutos o hasta que estén chamuscados. Mientras, retirar las cabezas de los langostinos y estrujarlos sobre un pequeño bol para recoger los jugos (suena desagradable, pero confía en mí). Pelar los langostinos dejando las colas, retirar el hilo intestinal y reservar. Poner las cabezas y las cáscaras en una sartén antiadherente pequeña con 4 cucharadas de aceite de oliva. Cocinarlas 10 minutos a fuego medio, removiendo y aplastándolas para obtener aceite de langostinos; luego, desechar las cabezas y las cáscaras. Mientras, cortar en rodajas finas las setas más grandes y romper en trocitos el jamón (si es necesario). Luego, ensartar los langostinos, las setas y el jamón en las 4 brochetas (yo a veces uso ramitas de romero largas y firmes), sin que quede demasiado apretado.

Retirar y desechar las hojas exteriores de los puerros, picar fino el resto y ponerlo en una sartén antiadherente mediana junto con las alubias (incluido el líquido de la conserva) y los jugos reservados de los langostinos. Llevar a ebullición y sazonar al gusto con sal marina y 1 cucharada de vinagre de vino tinto. Si queda demasiado espeso, añadir un chorrito de agua. Freír las brochetas en una sartén antiadherente grande a fuego medio-alto (o en una barbacoa) con un chorrito de aceite de oliva durante 5 minutos o hasta que estén doradas y cocidas, dándoles la vuelta de vez en cuando y presionando ligeramente con una espátula. Para servir, disponer las alubias a cucharadas en una fuente caliente, colocar las brochetas encima y regar con el aceite de langostinos.

CALORÍAS	GRASAS	GR. SAT.	PROTEÍNAS	CARBOH.	AZÚCAR	SAL	FIBRA
589 kcal	31,4 g	5,5 g	36,6 g	40,1 g	5,3 g	1,2 g	13,3 g

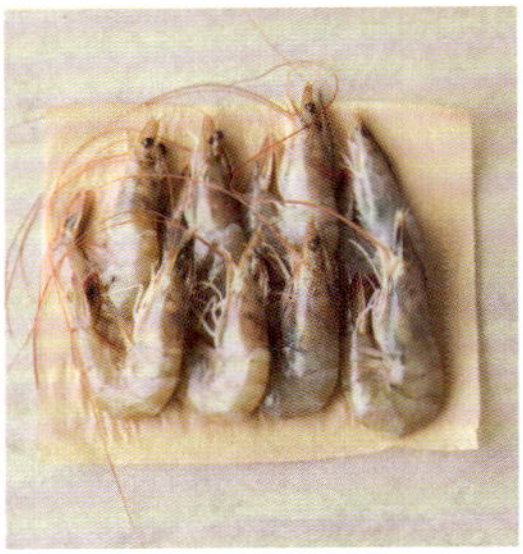

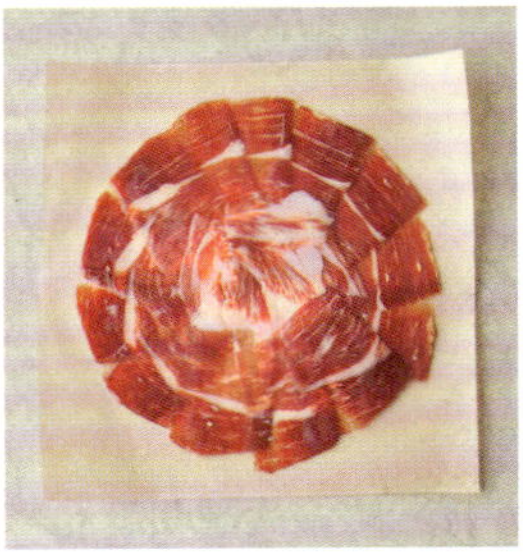

PESCADO

DORADA CON UVAS ASADAS

SALSA CREMOSA DE MOSTAZA Y ESPINACAS TIERNAS REHOGADAS

Cocinando con un chef griego especializado en cocina regional histórica, me sorprendió verlo asar uvas al fuego, pero la acidez y el dulzor combinan increíblemente con el pescado. Esta es mi versión.

PARA 2 PERSONAS | TIEMPO: 25 MINUTOS

500 g de uvas maduras sin pepitas de colores variados

2 doradas enteras (de 300 g cada una) sin escamas, evisceradas, sin agallas

300 g de espinacas tiernas

2 cucharadas de mostaza de textura granulada

2 cucharadas de crème fraîche

Precalentar el horno a 220 °C. Poner los granos de uva en una fuente refractaria y asarlos 5 minutos. Pasado ese tiempo, incorporar las dos doradas a la fuente, echar sal marina y pimienta negra desde cierta altura y rociar con 1 cucharada de aceite de oliva. Devolver la fuente al horno 15 minutos más; para saber si el pescado está cocido, comprobar la parte más gruesa cerca de la cabeza. Si se separa fácilmente de la raspa, está listo.

Rehogar las espinacas en una sartén antiadherente grande a fuego alto con 1 cucharada de aceite de oliva y sazonar al gusto. Ponerlas en un escurridor, estrujarlas para retirar el líquido sobrante y repartirlas entre los platos. Colocar el pescado encima y, con una cuchara, agregar casi todas las uvas. Poner la fuente en la placa a fuego medio y, con un pasapurés, chafar el resto de las uvas. Añadir la mostaza y la crème fraîche, mezclar bien y llevar a ebullición. Probar y rectificar de sal y pimienta, añadir un chorrito de agua para diluir la consistencia si fuera necesario y, con una cuchara, echar la salsa por encima del pescado. Poner un plato vacío en el centro de la mesa para dejar las espinas.

CALORÍAS	GRASAS	GR. SAT.	PROTEÍNAS	CARBOH.	AZÚCAR	SAL	FIBRA
496 kcal	20,1 g	5,3 g	38,7 g	42,6 g	42,4 g	1,2 g	3,2 g

ENSALADA CON ATÚN A LA PLANCHA

JUDÍAS VERDES ASADAS, PATATAS CON ALIÑO DE FETA Y ACEITUNAS

El atún fresco es delicioso y se cocina en un pispás. Lo que aporta aquí la diferencia es asar las judías verdes. Me recuerda a una ensalada niçoise francesa, pero las patatas aderezadas con feta son un guiño a las islas griegas.

PARA 2 PERSONAS | TIEMPO: 14 MINUTOS

220 g de judías verdes

10 aceitunas marinadas variadas

2 filetes de atún (de 150 g cada uno), a poder ser de 2 cm de grosor

1 lata (de 567 g) de patatas nuevas

70 g de queso feta

Poner una sartén antiadherente grande a fuego alto. Limpiar las judías verdes y echarlas en la sartén hasta que estén bien asadas, removiendo de vez en cuando. Untar el atún con ½ cucharada de la marinada de las aceitunas o con aceite de oliva. Trocear las aceitunas (deshuesándolas si fuera necesario). Escurrir las patatas y cortarlas en rodajas. Triturar el queso feta con un chorrito de su líquido en un mortero o en una batidora hasta que la textura esté uniforme. Si queda demasiado espeso, añadir un chorrito de agua. Sazonar con pimienta negra, mezclar con las patatas y repartirlo entre los platos.

Cuando las judías estén asadas, mezclarlas con las aceitunas troceadas y un chorrito de cada de vinagre de vino tinto y aceite de oliva virgen extra, y echarlas por encima de las patatas. Poner la sartén de nuevo a fuego alto y sellar el atún durante 1 minuto por cada lado, hasta que esté bien dorado por fuera pero rosa intenso por dentro. Para servir, me gusta trocear el atún por encima de la ensalada y terminar con una pizca más de pimienta.

CALORÍAS	GRASAS	GR. SAT.	PROTEÍNAS	CARBOH.	AZÚCAR	SAL	FIBRA
433 kcal	13,1 g	5,8 g	48,2 g	30 g	4,1 g	1,7 g	5,2 g

AÏOLI CON PESCADO AL VAPOR

PATATAS NUEVAS, ZANAHORIAS MINI Y ALBAHACA FRESCA

En el sur de Francia sirven un plato popular de verduras de temporada cocidas, huevos duros, mayonesa de ajo y bacalao llamado *aïoli* (es el nombre del plato entero, no solo de la mayonesa), y esta es mi versión de 5 ingredientes.

PARA 4 PERSONAS | TIEMPO: 27 MINUTOS

4 filetes de pescado blanco (de 150 g cada uno), con piel, sin escamas ni espinas

750 g de patatas nuevas

500 g de zanahorias mini

1 manojo de albahaca (30 g)

4 cucharadas colmadas de mayonesa de ajo

Sazonar cada filete de pescado con 1 cucharadita de sal marina (no hay que preocuparse, porque después se aclara) y reservar. Poner las patatas en una cacerola grande, cortando por la mitad las más grandes, y verter agua hirviendo salada hasta cubrirlas. Cocerlas a fuego medio durante 10 minutos y añadir entonces las zanahorias. Aclarar los filetes de pescado, secarlos dándoles toques con papel de cocina y ponerlos con la piel hacia arriba en un escurridor untado con aceite. Colocar el escurridor encima de la cacerola, asegurándose de que el agua no entra en él, y taparlo. Cocinar 10 minutos más o hasta que las verduras estén tiernas y el pescado se rompa en escamas.

Mientras, deshojar la albahaca, poner las hojas en un mortero (reservando algunas de las más bonitas para decorar), machacarlas hasta obtener una pasta y mezclar con la mayonesa de ajo. Para servir, pelar y desechar la piel del pescado y repartir los filetes entre los platos. Escurrir las verduras, servirlas y terminar con una buena cucharada de mayonesa a las hierbas, las hojas de albahaca reservadas, una pizca generosa de pimienta negra y un chorrito de aceite de oliva virgen extra si se desea.

CALORÍAS	GRASAS	GR. SAT.	PROTEÍNAS	CARBOH.	AZÚCAR	SAL	FIBRA
389 kcal	10,6 g	1,4 g	32,2 g	43,9 g	8,8 g	1,8 g	5,4 g

LUBINA CON HARISSA

CRUJIENTES PATATAS ASADAS, ENCURTIDO RÁPIDO DE VERDURAS DE COLORES

En este plato, inspirado en las maravillosas verduras encurtidas de los mercados tunecinos, los rábanos y zanahorias aportan un gran toque de sabor a la lubina untada con harissa y a las patatas supercrujientes.

PARA 2 PERSONAS | TIEMPO: 1 HORA

500 g de patatas rojas o Maris Piper

2 lubinas, truchas o doradas enteras (de 300 g cada una) limpias, sin escamas y evisceradas

2 cucharadas de harissa de rosas

160 g de zanahorias mini

160 g de rábanos de colores variados, a ser posible con hojas

Precalentar el horno a 200 °C. Pelar las patatas, cortarlas en rodajas de 1 cm de grosor y mezclarlas con 1 cucharada de aceite de oliva y una pizca de sal marina y pimienta negra. Ponerlas en una fuente para el horno grande y asarlas 20 minutos. Mientras, hacer cortes en diagonal a intervalos de 2 cm, en ambos sentidos, por las dos caras del pescado y untarlo bien con la mitad de la harissa. Pasados los 20 minutos, dar la vuelta a las patatas, disponer el pescado encima y cocinarlo 20 minutos más o hasta que esté hecho.

Frotar y limpiar las zanahorias y los rábanos, y cortarlos en ángulo en trozos de ½ cm de grosor (con un cuchillo de corte ondulado, si se tiene), dejando las hojas de los rábanos si son frescas, pequeñas y sabrosas. Poner las zanahorias y los rábanos en un bol, sazonar generosamente con sal y pimienta, añadir 1 cucharada de aceite de oliva virgen extra, 2 cucharadas de vinagre de vino tinto y el resto de la harissa, y mezclar bien. Servir el pescado con las patatas y las verduras encurtidas por encima.

CALORÍAS	GRASAS	GR. SAT.	PROTEÍNAS	CARBOH.	AZÚCAR	SAL	FIBRA
520 kcal	21,1 g	2,1 g	32,6 g	52,4 g	7,6 g	1,8 g	6,4 g

LUBINA CURADA CON LIMA

JUGOSO MELOCOTÓN, CRUJIENTE DE PESCADO, ESTRAGÓN Y GUINDILLA FRESCA

Inspirado por un grupo de maravillosos chefs franceses que me llevaron a una pequeña isla frente a Marsella y curaron pescado fresco con limón y hierbas, esta es mi interpretación de aquella maravilla estival.

PARA 4 PERSONAS COMO ENTRANTE | TIEMPO: 15 MINUTOS

2 filetes de pescado blanco muy fresco (de 150 g cada uno), como lubina o dorada, sin piel (pedir que la reserven) ni espinas

4 limas

1 melocotón maduro

½ manojo de estragón (10 g)

1-2 guindillas de colores variados

Pedir en la pescadería que saquen los filetes del pescado blanco más fresco que tengan, que retiren la piel (pero que la pongan para llevar) y que corten los filetes sin espinas en trozos de 1 cm. Poner una sartén antiadherente a fuego medio con un chorrito de aceite de oliva, añadir la piel del pescado y freírla durante 3 minutos o hasta que esté crujiente, dándole la vuelta a media cocción, y luego pasarla a un plato.

Rallar fina la piel de 1 lima y reservarla. Luego, exprimir el zumo de las 4 limas en un bol poco profundo y sazonarlo con una pizca generosa de sal marina y pimienta negra. Introducir el pescado blanco para que se vaya curando. Deshuesar el melocotón y cortarlo en cuñas finas, deshojar el estragón, cortar en rodajas finas las guindillas y ponerlo todo en el bol. Para servir, partir por encima la piel crujiente del pescado, esparcir la ralladura de lima reservada y terminar con un chorrito de aceite de oliva virgen extra si se desea.

CALORÍAS	GRASAS	GR. SAT.	PROTEÍNAS	CARBOH.	AZÚCAR	SAL	FIBRA
166 kcal	9,3 g	1,9 g	15,7 g	5,5 g	4,7 g	0,6 g	0,8 g

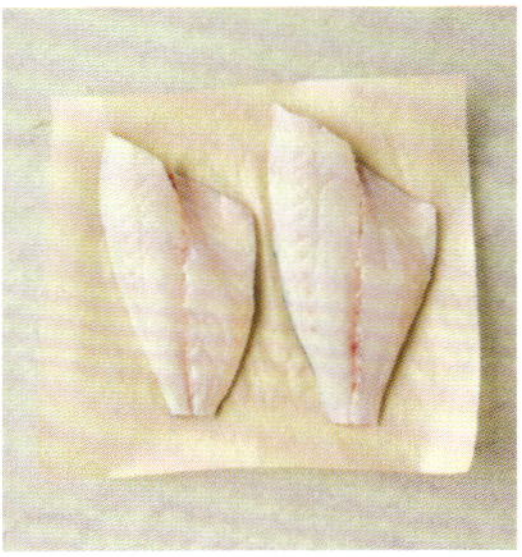

BACALAO RÁPIDO

PATATAS CRUJIENTES, CREMOSO HUEVO, PEREJIL Y TAPENADE DE ACEITUNAS

Portugal se considera país mediterráneo pese a no tener costa en ese mar, y esta interpretación del *fish and chips*, inspirado en el *bacalhau à Brás*, es mi versión minimalista de ese plato reconfortante tan querido en el país luso.

PARA 2 PERSONAS | TIEMPO: 30 MINUTOS

2 filetes de bacalao (de 150 g cada uno), con piel, sin escamas ni espinas

500 g de patatas tipo Maris Piper

2 huevos grandes

½ manojo de perejil (15 g)

2 cucharaditas de tapenade de aceitunas negras

Sazonar el bacalao muy generosamente por ambos lados con sal marina (no hay que preocuparse, porque después se aclara) y reservar. Mientras, frotar las patatas para limpiarlas, cortarlas en dados de 1 cm y ponerlas en una sartén antiadherente grande a fuego medio con 2 cucharadas de aceite de oliva y una pizca de sal y pimienta negra. Freírlas 10 minutos o hasta que empiecen a dorarse, removiendo de vez en cuando.

Aclarar el pescado y secarlo dándole toques con papel de cocina (esta salazón rápida le dará sabor al pescado, pero sobre todo lo hará más jugoso). Apartar las patatas a un lado de la sartén, incorporar el pescado y cocinarlo 3 minutos y medio minutos por cada lado o hasta que esté al punto, sin olvidarse de ir removiendo las patatas. Mientras, batir los huevos en un bol. Reservar la mitad de las hojas del perejil, picar fino el resto (tallos incluidos) y añadirlo a los huevos. Retirar la sartén del fuego, pasar el pescado a un plato y verter la mezcla de huevo por encima de las patatas crujientes de la sartén. Removerlo todo con energía durante 30 segundos (el calor residual de la sartén cocerá los huevos el punto justo para que queden como un revuelto cremoso) y repartirlo entre los platos de servir. Separar y desechar la piel del pescado, deshacer los filetes por encima de las patatas y repartir por encima la tapenade. Esparcir por encima las hojas de perejil restantes, aliñadas con un poco de aceite de oliva virgen extra y vinagre de vino tinto. Está riquísimo acompañado de una ensalada verde.

CALORÍAS	GRASAS	GR. SAT.	PROTEÍNAS	CARBOH.	AZÚCAR	SAL	FIBRA
377 kcal	16,2 g	2,9 g	37,4 g	22 g	1,1 g	1,8 g	2,2 g

GUISO DE PESCADO BLANCO

SALSA SEDOSA DE PUERRO Y LIMÓN COCIDA A FUEGO LENTO

Este plato de apariencia modesta es una forma riquísima de cocinar y servir pescado, utilizando la clásica técnica griega de convertir el caldo de cocción en una salsa sedosa ligándola con huevos y limón.

PARA 4 PERSONAS | TIEMPO: 32 MINUTOS

2 puerros grandes

4 filetes de pescado blanco (de 150 g cada uno), con piel, sin escamas ni espinas, a ser posible de 2 cm de grosor

2 cucharadas de harina

1 limón

2 huevos grandes

Lavar los puerros, limpiarlos, cortarlos en rodajas muy finas y ponerlos en una cacerola grande a fuego lento con 1 cucharada de aceite de oliva y 200 ml de agua. Sazonar con sal marina y pimienta negra, tapar la cacerola y rehogar durante 20 minutos o hasta que los puerros estén bien tiernos, removiendo de vez en cuando. Cuando estén casi listos, poner una sartén antiadherente grande a fuego alto con 2 cucharadas de aceite de oliva. Rebozar los filetes de pescado con harina, freírlos 2 minutos por cada lado y pasarlos a la cacerola, metiéndolos entre los puerros. Verter 250 ml de agua hirviendo, tapar la cacerola y cocer a fuego medio 4 minutos.

Mientras, rallar fina la piel del limón y reservarla, y exprimir el zumo en un bol. Separar las yemas de las claras y reservar estas para hacer merengues otro día; echar las yemas en el bol del zumo de limón con una pizca de sal y batirlo todo bien. Destapar la cacerola, tomar un cucharón del líquido caliente, echarlo a la mezcla de huevo y seguir batiendo. Retirar la cazuela del fuego y verter en ella el contenido del bol. Sin dejar de sacudir la cacerola y usando una espátula, mover la mezcla alrededor del pescado durante un par de minutos. Volver a tapar la cacerola, seguir sacudiéndola con movimientos de vaivén 2 minutos más o hasta que haya espesado y tenga una consistencia sedosa, y sazonar con una pizca de pimienta. Servir con un chorrito de aceite de oliva virgen extra y echar por encima la ralladura de limón reservada.

CALORÍAS	GRASAS	GR. SAT.	PROTEÍNAS	CARBOH.	AZÚCAR	SAL	FIBRA
300 kcal	14,4 g	2,5 g	33,1 g	10,1 g	1,9 g	1,3 g	0,4 g

PESCADO AL VAPOR FÁCIL

PIMIENTOS DULCES Y PUERROS, ALIÑO DE NARANJA A LAS HIERBAS

Inspirado en unos sabores que transportarán a la costa griega, este delicado plato realza los sabores del pescado blanco. Un buen as que tener bajo la manga.

PARA 4 PERSONAS | TIEMPO: 32 MINUTOS

4 filetes de pescado blanco (de 150 g cada uno), sin piel ni espinas

3 pimientos de colores variados

1 puerro grande

½ manojo de orégano (10 g)

1 naranja de zumo grande

Para que el pescado se deshaga mejor en escamas luego, sazonarlo muy generosamente con sal marina (no hay que preocuparse, porque después se aclara) y reservar. Poner una cazuela grande poco profunda a fuego medio. Cortar los pimientos en trozos de 2 cm, desechando las semillas y los tallos, e ir añadiéndolos a la cazuela, junto con 2 cucharadas de aceite de oliva. Trocear el puerro en cuartos a lo largo, lavarlo y cortarlo en rodajas de 2 cm de grosor. Agregarlo a la cazuela, sazonar con sal y pimienta negra y rehogarlo durante 15 minutos o hasta que esté ligeramente dorado, removiendo con frecuencia y añadiendo chorritos de agua si hiciera falta. Deshojar el orégano, echar las hojas en un mortero con una pizca de sal y machacarlas hasta obtener una pasta. Exprimir media naranja, añadir el zumo al mortero junto con 1 cucharada de vinagre de vino tinto y 2 cucharadas de aceite de oliva virgen extra y mezclarlo bien.

Aclarar el pescado y secarlo dándole toques con papel de cocina. Meterlo entre las verduras, exprimir el zumo de la otra media naranja por encima y añadir 100 ml de agua; tapar la cazuela y cocer a fuego lento 7 minutos o hasta que el pescado esté en su punto. Verter el aliño de naranja por encima del pescado y las verduras y servir.

CALORÍAS	GRASAS	GR. SAT.	PROTEÍNAS	CARBOH.	AZÚCAR	SAL	FIBRA
276 kcal	14,5 g	2,1 g	29,1 g	7,6 g	7 g	1,3 g	2,6 g

ELEGANTE CARPACCIO DE PESCADO

DORADA FRESCA, GUINDILLA VERDE, LIMA, UVAS Y RÚCULA

Todos necesitamos una pescadería de confianza en nuestras vidas, ya sea en un mercado, a pie de calle o por internet. Comer pescado crudo es muy fácil, saludable y delicioso. Solo con una condición: tiene que ser fresquísimo.

PARA 2 PERSONAS COMO PLATO PRINCIPAL O 4 COMO ENTRANTE | TIEMPO: 15 MINUTOS

2 limas

10 uvas sin pepitas de colores variados

½ guindilla verde fresca

2 filetes de dorada muy fresca (de 150 g cada uno), sin piel ni espinas

20 g de rúcula

Exprimir la lima sobre un bol y sazonar el zumo con un par de pizcas generosas de sal marina. Cortar las uvas y la guindilla en rodajas finas, echarlas en el bol y mezclar. Cortar en ángulo el pescado en trocitos de 1 cm y, por tandas, golpearlos suavemente con un rodillo entre dos hojas de papel de horno hasta que tengan unos 2 mm de grosor. Retirar del papel las lonchas de pescado y disponerlas en dos platos de servir o en una fuente grande. Con una cuchara, echar por encima las uvas y la guindilla y rociar el zumo de lima aliñado. Esparcir la rúcula y regar con 1 cucharada de aceite de oliva virgen extra. Está delicioso servido tal cual, pero hay quien prefiere acompañarlo de algo crujiente, como galletas saladas o pan tostado: al gusto del comensal.

CALORÍAS	GRASAS	GR. SAT.	PROTEÍNAS	CARBOH.	AZÚCAR	SAL	FIBRA
219 kcal	10,9 g	0,9 g	26,9 g	3,5 g	3,5 g	1,4 g	0,4 g

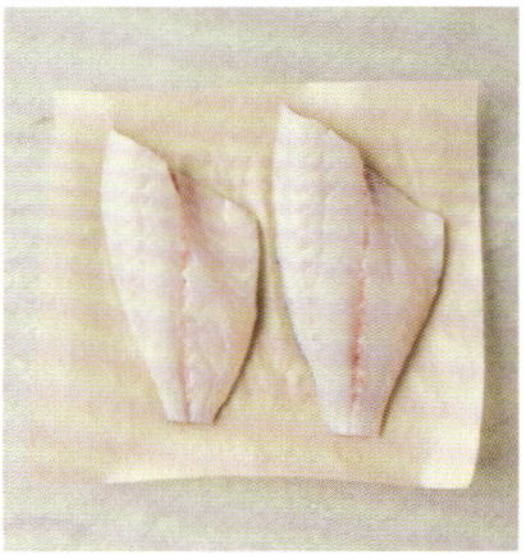

CABALLA CRUJIENTE

SEMILLAS Y SIROPE DE GRANADA, RAS EL HANOUT Y NUECES

En todo el Mediterráneo, pescado y fruta combinan a las mil maravillas. Aquí las granadas, muy abundantes, aportan dulzor y acidez y complementan muy bien al pescado azul.

PARA 2 PERSONAS | TIEMPO: 25 MINUTOS

150 g de yogur griego

2 caballas enteras (de 200 g cada una), evisceradas, sin espinas y abiertas en mariposa

2 cucharaditas colmadas de ras el hanout, y un poco más para servir

1 granada grande madura

20 g de nueces sin cáscara y sin sal

Forrar un colador con unos trozos de papel de cocina, verter el yogur y, a continuación, levantar el papel y presionar suavemente para que el líquido empiece a escurrir sobre un bol. Dejar reposar en la nevera. Abrir las caballas e impregnarlas bien con el ras el hanout y una pizca de sal marina y pimienta negra. Ponerlas con la piel hacia abajo en una sartén antiadherente grande a fuego medio con 2 cucharadas de aceite de oliva durante 7 minutos, tapando la sartén en los primeros 4 minutos y, una vez destapada, bañándolas con los jugos. Servirlas en dos platos con la piel hacia arriba. Mientras, abrir la granada en dos y, sosteniendo con la mano una mitad con el corte hacia abajo, golpear el dorso con una cuchara para que todos los granos caigan en un bol. Exprimir el zumo de la otra mitad en otro bol y verterlo en la sartén caliente para que reduzca hasta obtener un sirope.

Sazonar al gusto el yogur filtrado y echarlo a cucharadas por encima del pescado crujiente. Verter el sirope de granada y coronar con algunos granos de granada (reservar el resto para otro día). Para terminar, espolvorear un poco de ras el hanout, trocear las nueces y regar con un chorrito de aceite de oliva virgen extra.

CALORÍAS	GRASAS	GR. SAT.	PROTEÍNAS	CARBOH.	AZÚCAR	SAL	FIBRA
524 kcal	44,1 g	10,7 g	22,4 g	9 g	8,4 g	1,2 g	0,9 g

al'fez
RAS EL HANOUT

POLLO Y PATO

POLLO ENTERO A LA CAZUELA

PATATAS FONDANT, SALSA A LAS HIERBAS, AJO ASADO

Las salsas a las hierbas son muy apreciadas en la cocina catalana. Me he inspirado en un viaje reciente a Barcelona para realzar este pollo y las sustanciosas patatas cocidas en caldo con un intenso toque de perejil y avellanas.

PARA 4 PERSONAS | TIEMPO: 1 HORA Y 35 MINUTOS

1 pollo entero de 1,5 kg

1 kg de patatas

1 manojo de perejil (30 g)

1 cabeza de ajos

40 g de avellanas escaldadas

Precalentar el horno a 180 °C. Frotar bien el pollo, por dentro y por fuera, con aceite de oliva, sal marina y pimienta negra, y meterlo en una cazuela grande a fuego alto; cuando esté bien dorado por todas partes (llevará unos 5 minutos), pasarlo a una fuente. Mientras, pelar las patatas y cortarlas en trozos de 5 cm. Verter 700 ml de agua en la cazuela, añadir los tallos del perejil, la cabeza de ajos (reservando 1 diente para más tarde) y las patatas. Llevarlo a ebullición, guisarlo durante 15 minutos, sazonar ligeramente, poner el pollo encima y meterlo en el horno durante 1 hora y 15 minutos o hasta que el pollo esté dorado y bien cocido.

Mientras, pelar el diente de ajo reservado, picarlo fino, cortar muy finas las hojas del perejil y picar gruesas las avellanas. Ponerlo todo en un bol de servir pequeño, agregar 3 cucharadas de aceite de oliva virgen extra, 4 cucharadas de agua y sazonar al gusto. Pasar el pollo y las patatas a una fuente de servir, echar por encima con una cuchara la salsa de hierbas y servir la cabeza de ajos a un lado para exprimirla por encima.

CALORÍAS	GRASAS	GR. SAT.	PROTEÍNAS	CARBOH.	AZÚCAR	SAL	FIBRA
669 kcal	27,2 g	5,6 g	62,9 g	45,7 g	2 g	1,1 g	4 g

SHISH DE POLLO CON BAHARAT

MARINADA DE YOGUR ESPECIADO, LIMÓN Y AJO ASADOS

Inspirado en los shish turcos, este es un kebab fácil y riquísimo con una mezcla de aromáticas especias que todo el mundo puede preparar. Me encanta el contraste entre el exterior crujiente y el interior jugoso.

PARA 4 PERSONAS | TIEMPO: 55 MINUTOS, MÁS LA MARINADA

6 contramuslos de pollo deshuesados y sin piel

4 cucharadas de yogur natural

2 cucharaditas de mezcla de especias baharat, y un poco más para servir

2 limones

1 cabeza de ajos

Poner los contramuslos en un bol con el yogur, la mezcla de especias, 1 cucharada de aceite de oliva y una pizca de sal marina y pimienta negra. Cortar 6 rodajitas de uno de los limones, reservarlas y exprimir el resto del limón en el bol. Mezclarlo todo muy bien, taparlo y dejar marinar en la nevera al menos 2 horas, a ser posible toda la noche.

Precalentar el horno a 200 °C. Ensartar el pollo y las rodajas de limón uniformemente en una brocheta metálica grande, como se ve en la imagen, y dejarla reposar sobre una fuente para el horno que sea algo más pequeña que la brocheta (para que la carne quede suspendida por encima de la fuente). Partir la cabeza de ajos por la mitad y ponerla en la fuente con la parte cortada hacia abajo. Cortar en dos el otro limón, echarlo también a la fuente y asarlo 40 minutos o hasta que esté bien dorado y cocido. Para servir, sacar el pollo de la brocheta, exprimir los dientes de ajo para extraerlos de las pieles y mezclarlos con el pollo, y espolvorear con un poco más de mezcla de especias baharat. Rociar el pollo con los jugos que hayan quedado en la fuente y servirlo con el limón asado para exprimirlo por encima. Está delicioso acompañado de panes planos, ensalada y unos encurtidos.

CALORÍAS	GRASAS	GR. SAT.	PROTEÍNAS	CARBOH.	AZÚCAR	SAL	FIBRA
278 kcal	15 g	4 g	31,7 g	3,8 g	1,8 g	1 g	1,2 g

Yeo Valley

POLLO ASADO AL PIMENTÓN

PIMIENTOS DE COLORES, PATATAS Y AROMÁTICO TOMILLO

Al asar el pollo directamente sobre la rejilla del horno, la piel queda supercrujiente y todos los jugos caen debajo, justo sobre las verduras. El pimentón, tan popular en España, realza los sabores.

PARA 4 PERSONAS | TIEMPO: 1 HORA

1 kg de patatas

3 pimientos de colores variados

1 pollo entero de 1,5 kg

1 cucharada colmada de pimentón ahumado

1 manojo de tomillo (20 g)

Precalentar el horno a 200 °C. Frotar las patatas para limpiarlas y cortarlas en trozos de 3 cm. Cortar los pimientos en trozos de un tamaño parecido, desechando las semillas y los tallos. Poner ambos en una fuente de horno grande y rociarlos con 1 cucharada de aceite de oliva y un poco de sal marina y pimienta negra. Con un cuchillo grande afilado, cortar el pollo por la mitad. Regarlo con 1 cucharada de cada de aceite de oliva y vinagre de vino tinto y frotarlo bien, por dentro y por fuera, con el pimentón y una pizca de sal y pimienta. Colocar las mitades de pollo directamente sobre la rejilla del horno con la piel hacia arriba, poniendo la fuente con las verduras en la parte inferior, justo debajo del pollo. Asarlo durante 40 minutos.

Pasado ese tiempo, pintar el tomillo con un poco de aceite de oliva. Sacar la fuente de las verduras del horno, sacudirla bien, deshojar la mitad del tomillo y echar las hojas por encima. Poner el resto del tomillo encima del pollo y asarlo unos 5 últimos minutos o hasta que todo esté bien cocido y servir.

CALORÍAS	GRASAS	GR. SAT.	PROTEÍNAS	CARBOH.	AZÚCAR	SAL	FIBRA
652 kcal	23,6 g	5,4 g	62,8 g	40,2 g	6,6 g	1,1 g	5,8 g

PATO ASADO CON UVAS

CLAVOS MOLIDOS, CEBOLLAS CARAMELIZADAS Y ROMERO

Me encantó una técnica que vi en algunas islas griegas: asan uvas frescas y las sirven con suculentos platos de carne o pescado. Estos sabores, naturalmente dulces y ácidos, casan a la perfección.

PARA 6 PERSONAS | TIEMPO: 2 HORAS Y 20 MINUTOS

1 pato entero de 2 kg, reservando los menudillos

1 cucharada de clavos de olor molidos

4 cebollas rojas

1 manojo de romero (20 g)

500 g de uvas sin pepitas de colores variados

Precalentar el horno a 180 °C. En una bandeja de horno grande, frotar el pato por dentro y por fuera, cuello incluido (reservar el hígado, los riñones y el corazón) con 1 cucharada de aceite de oliva, los clavos y una buena pizca de sal y pimienta negra. Pelar las cebollas, cortarlas en cuartos, echarlas en la bandeja junto con el cuello y mezclarlo bien. Añadir 2 cucharadas de agua y disponer el pato encima. Meter la mitad del romero en la cavidad del pato y asarlo 1 hora y 30 minutos. Sacarlo del horno, retirar casi toda la grasa (guardarla en un tarro) y rociar el pato con los jugos de la bandeja. Separar las uvas, ponerlas en la bandeja y asar otros 30 minutos o hasta que los muslos del pato estén tiernos. Disponerlo en una fuente de servir y, con una cuchara, pasar la mitad de las uvas y las cebollas a un bol. Poner la bandeja a fuego medio, verter 500 ml de agua hirviendo y dejar hervir a fuego lento 5 minutos, chafando las uvas y raspando los restos que se hayan pegado en la base de la bandeja.

Mientras, cortar el hígado, los riñones y el corazón en daditos de 1 cm. Verter un buen chorro de la grasa de pato en una cacerola antiadherente a fuego medio. Deshojar el resto del romero, freír las hojas hasta que estén crujientes y escurrirlas sobre papel de cocina. Agregar los menudillos cortados y removerlos bien en la cacerola durante 3 minutos o hasta que estén bien cocidos. Poner un colador grueso sobre la cacerola, filtrar los contenidos de la bandeja y sazonar al gusto. Añadir las uvas y cebollas reservadas, mezclarlo todo a fuego lento, echarlo con una cuchara por encima del pato y esparcir el romero. Verter la salsa en una jarra y servirla también.

CALORÍAS	GRASAS	GR. SAT.	PROTEÍNAS	CARBOH.	AZÚCAR	SAL	FIBRA
244 kcal	9 g	2,4 g	20,2 g	22,6 g	20 g	0,6 g	4 g

POLLO AL AJILLO

GARBANZOS CREMOSOS, ESPINACAS Y ZUMAQUE

Este plato rápido, inspirado en algunos de los maravillosos sabores del Líbano, es perfecto para improvisar una comida. Los garbanzos de bote, grandes y blandos, marcan la diferencia tanto por sabor como por textura.

PARA 2 PERSONAS | TIEMPO: 18 MINUTOS

4 dientes de ajo

2 pechugas de pollo sin piel (de 150 g cada una)

350 g de garbanzos en conserva

250 g de espinacas tiernas

1 cucharadita colmada de zumaque

Pelar los dientes de ajo, cortarlos en láminas a lo largo y ponerlos en una sartén antiadherente grande a fuego alto con 1 cucharada de aceite de oliva, removiendo con frecuencia. Trocear cada pechuga de pollo en 3 tiras a lo largo y mezclarlas bien con una pizca de sal marina y pimienta negra. Cuando el ajo esté dorado, sacarlo rápidamente de la sartén con una espumadera, dejando el aceite aromatizado. Freír el pollo en la sartén 5 minutos o hasta que esté dorado y bien cocido, dándole la vuelta con frecuencia.

Sacar el pollo de la sartén y verter los garbanzos (incluido el líquido de la conserva). Agregar las espinacas, casi todo el ajo y 1 cucharada de vinagre de vino tinto y remover hasta que las espinacas se ablanden y los garbanzos se hayan calentado. Sazonar al gusto con sal y pimienta, devolver el pollo a la sartén y rematar con el ajo reservado y una pizca generosa de zumaque.

CALORÍAS	GRASAS	GR. SAT.	PROTEÍNAS	CARBOH.	AZÚCAR	SAL	FIBRA
406 kcal	13,3 g	2,2 g	48,8 g	23,2 g	3,1 g	1,3 g	1,1 g

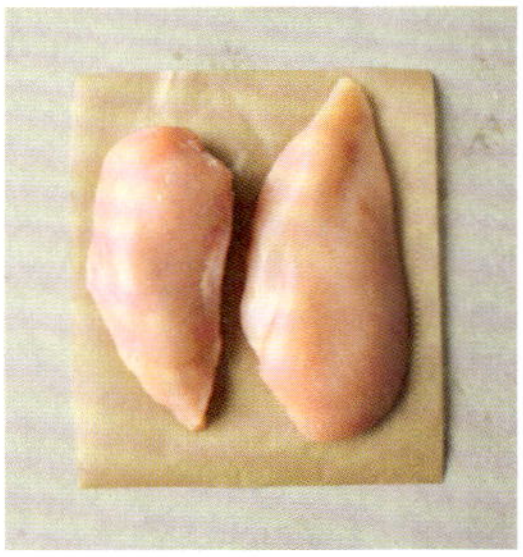

POLLO CON LIMÓN Y TZATZIKI

ARROZ SUELTO, CEBOLLAS CARAMELIZADAS Y LIMONES ASADOS

Un plato familiar de inspiración griega preparado en una cacerola. El tzatziki es una marinada fantástica si se compra ya hecha; no es muy tradicional usarla así, pero está buenísima y ablanda bien la carne.

PARA 4 PERSONAS | TIEMPO: 2 HORAS, MÁS LA MARINADA

1 pollo entero de 1,5 kg

400 g de tzatziki envasado

2 limones

4 cebollas de colores variados

300 g de arroz basmati

Con un cuchillo afilado, cortar la parte posterior del pollo para poder abrirlo hacia fuera de modo que quede plano. Frotar el pollo por ambos lados con la mitad del tzatziki, el zumo de ½ limón y una buena pizca de sal marina y pimienta negra. Luego, taparlo y dejarlo marinar en la nevera al menos 2 horas, a ser posible toda la noche. Precalentar el horno a 180 °C. Pelar las cebollas. Picar media cebolla muy fina y ponerla en un bol con el zumo de ½ limón y una pizca de sal para hacer un encurtido. Cortar en cuartos el resto de las cebollas y ponerlas en una fuente honda o en una cazuela refractaria; luego, abrir el otro limón y añadirlo también. Colocar encima el pollo con la piel hacia arriba (debería caber justo) y regarlo con ½ cucharada de aceite de oliva. Asarlo durante 1 hora y 10 minutos o hasta que esté bien dorado y la carne del muslo se desprenda fácilmente del hueso.

Transcurrido ese tiempo, pasar a una tabla de cortar el pollo, la mitad de las cebollas y una de las mitades de limón y reservar. Con unas pinzas, exprimir el otro medio limón en la fuente o cazuela sobre los jugos del asado; luego, retirar la parte blanca del limón y cortar en tiritas finas el resto de la piel junto con las demás cebollas de la fuente. Agregar el arroz y 600 ml de agua hirviendo con sal, tapar la fuente y ponerla a fuego medio-bajo durante 12 minutos o hasta que esté tierno. Servir el arroz a cucharadas en un plato de servir, disponer encima el pollo, los jugos que haya soltado y las cebollas asadas; echar por encima el resto del tzatziki. Rociar con 1 cucharada de aceite de oliva virgen extra y servir con el encurtido y el medio limón asado reservado para exprimirlo por encima.

CALORÍAS	GRASAS	GR. SAT.	PROTEÍNAS	CARBOH.	AZÚCAR	SAL	FIBRA
682 kcal	15,6 g	5,8 g	61,4 g	79 g	13 g	2,4 g	5 g

GUISO DE POLLO Y SALCHICHAS MERGUEZ

DELICIOSA MARINADA DE LAUREL, CEBOLLAS COCIDAS A FUEGO LENTO Y ALUBIAS

Este es un guiso de estilo tunecino de verdad delicioso, inspirado en el *cassoulet* francés para crear sabores intensos con muy pocos ingredientes. Si gusta, se le puede añadir un poco de harissa.

PARA 4 PERSONAS | TIEMPO: 1 HORA

4 cebollas

5 salchichas merguez (300 g)

1 pollo entero de 1,2 kg

12 hojas frescas de laurel

800 g de alubias variadas en conserva

Pelar las cebollas, partirlas por la mitad y cortarlas en rodajas gruesas. Luego, ponerlas en una cazuela grande a fuego medio con 1 cucharada de aceite de oliva. Apretar la piel de 1 salchicha para extraer la carne, echarla en la cazuela y freírlo todo 20 minutos, removiendo con frecuencia mientras se va rompiendo la carne. Mientras, trocear el pollo (habrá que separar los muslos, los contramuslos y las alitas), y cortar las pechugas en cuartos (con el hueso); se puede hacer en casa o pedirlo en la carnicería.

Retirar el tallo de 8 hojas de laurel, machacarlas en el mortero hasta obtener una pasta junto con una pizca de sal marina e incorporar 1 cucharada de cada de aceite de oliva virgen extra y vinagre de vino tinto. Frotar bien el pollo por todos los recovecos con la mitad de la marinada. Poner una sartén antiadherente grande a fuego medio-alto con 1 cucharada de aceite de oliva y dorar el resto de las salchichas con los contramuslos, los muslos y las alitas; una vez dorados, ir pasándolos a la cazuela. Dorar las pechugas con la piel hacia abajo durante 3 minutos y meterlas en la cazuela. Mientras, escurrir una de las latas de judías y luego verter las dos latas a la cazuela junto con el resto de las hojas de laurel. Remover suavemente, bajar el fuego a medio-bajo y guisarlo tapado durante 30 minutos o hasta que esté bien tierno. Antes de servir, verter por encima el resto de la marinada de laurel.

CALORÍAS	GRASAS	GR. SAT.	PROTEÍNAS	CARBOH.	AZÚCAR	SAL	FIBRA
644 kcal	23,6 g	6,9 g	69,4 g	39,1 g	14,3 g	2 g	10,7 g

POLLO ZA'ATAR

HORNEADO CON COSTRA, LIMÓN Y CEBOLLAS MELOSAS

Con una sencilla masa de agua y harina que se hornea hasta formar una costra, siempre se obtiene una carne tremendamente jugosa. En este caso, el sabor lo aporta el za'atar, una mezcla de especias a las hierbas de la costa levantina.

PARA 4 PERSONAS | TIEMPO: 1 HORA Y 40 MINUTOS

2 cucharadas de za'atar

1 pollo entero de 1,5 kg

4 cebollas

1 limón

500 g de harina, y un poco más para espolvorear

Precalentar el horno a 180 °C. Mezclar el za'atar con una pizca de sal marina y pimienta negra y 2 cucharadas de aceite de oliva, y untar bien el pollo, procurando que el aliño penetre en todos los recovecos. Poner el pollo a fuego alto en una cacerola en la que quepa justo, dándole la vuelta con unas pinzas durante 15 minutos o hasta que esté dorado por todas partes. Mientras, pelar las cebollas y cortarlas en cuartos, pinchar bien el limón con un tenedor y trocearlo en cuartos. Poner la harina en un bol e incorporar gradualmente 300 ml de agua con un tenedor hasta obtener una masa. Amasarla hasta que tenga una textura homogénea y estirarla en una superficie enharinada hasta que sea un poco más grande que la cacerola.

Levantar el pollo y colocar las cebollas debajo junto con 2 cucharadas de vinagre de vino tinto. Volver a poner el pollo encima y encajar las cuñas de limón a su alrededor, poniendo algunas también en la cavidad y en las alitas para que no perforen la masa. Retirar la cacerola del fuego y disponer la masa por encima, pellizcándola bien en los bordes para que quede sellada. Meterla en el horno durante 1 hora y 10 minutos. Luego, golpear la masa para abrirla y desecharla. Rociar el pollo con los jugos de la cacerola y servirlo con arroz, cuscús o panes planos.

CALORÍAS	GRASAS	GR. SAT.	PROTEÍNAS	CARBOH.	AZÚCAR	SAL	FIBRA
488 kcal	21,8 g	5 g	58,4 g	14,8 g	11,4 g	1,4 g	4,8 g

PASTEL DE POLLO CON CUSCÚS

MARINADA DE TZATZIKI, PIMIENTOS ROJOS Y CEBOLLA ASADA

El cuscús se utiliza en todo el Mediterráneo de muchas maneras maravillosas; aquí le doy protagonismo para crear un plato horneado de escándalo, con un exterior crujiente y un centro de lo más esponjoso.

PARA 4 PERSONAS | TIEMPO: 1 HORA Y 15 MINUTOS, MÁS LA MARINADA

460 g de pimientos rojos asados en conserva

400 g de tzatziki envasado

1 kg de muslos y contramuslos de pollo con piel y sin deshuesar

4 cebollas rojas

300 g de cuscús

Precalentar el horno a 180 °C. Poner uno de los pimientos en conserva en la batidora y triturarlo con 200 g de tzatziki y una pizca de sal marina y pimienta negra. Verterlo por encima del pollo y dejarlo marinar al menos 2 horas, a ser posible toda la noche. Pelar las cebollas, cortarlas en cuartos, ponerlas en una sartén antiadherente refractaria de 28 cm con 1 cucharada de aceite de oliva a fuego medio durante 10 minutos o hasta que estén oscuras y caramelizadas, removiendo con frecuencia, y sacarlas a un plato. Echar 1 cucharada de aceite de oliva en la sartén, agregar el pollo marinado y dorarlo durante 10 minutos, dándole la vuelta con frecuencia. Devolver las cebollas a la sartén, trocear por encima los pimientos restantes y hornearlo 25 minutos.

Mientras, en un bol, echar el cuscús con agua hirviendo justo hasta cubrirlo, sazonar con sal y pimienta y taparlo. Dejar que se hidrate durante 3 minutos y luego ahuecarlo con un tenedor. Pasados los 25 minutos, sacar la sartén del horno, echar por encima el cuscús y aplastarlo con cuidado para que se compacte. Ponerlo en el horno 10 minutos. Luego, darle la vuelta con confianza sobre una fuente o plato grande y coronarlo con el resto del tzatziki a cucharadas. Servirlo recién sacado del horno y ¡a comer!

CALORÍAS	GRASAS	GR. SAT.	PROTEÍNAS	CARBOH.	AZÚCAR	SAL	FIBRA
790 kcal	30,2 g	9,8 g	53,2 g	81 g	19,2 g	2,3 g	8,3 g

POLLO CON GARBANZOS

MARINADA DE HINOJO, ENSALADA DE TOMATE SUPERJUGOSA

En el sur de Francia me encantó probar unos bastones con harina de garbanzos llamados *panisse* que me han servido de inspiración para este plato de garbanzos y pollo asado, con una agradable textura y un sabor increíble.

PARA 4 PERSONAS | TIEMPO: 1 HORA Y 20 MINUTOS

1,2 kg de garbanzos en conserva

1 cucharada de semillas de hinojo

1 pollo entero de 1,5 kg

500 g de tomates de colores variados

180 g de hojas de ensalada variada

Precalentar el horno a 180 °C. Escurrir muy bien los garbanzos, echarlos en un robot de cocina y triturarlos con una buena pizca de sal marina y pimienta negra, manteniendo una cierta textura. Forrar una bandeja de horno grande con papel de horno y extender la mitad de la mezcla de garbanzos en el centro, aplanándola ligeramente. Amasar y apretar puñaditos de la mezcla restante, disponerlos por los bordes de la bandeja (del tamaño aproximado de una pelota de golf) y meter la bandeja en la parte inferior del horno. Machacar las semillas de hinojo en un mortero con una buena pizca de sal y pimienta e incorporar 1 cucharada de cada de aceite de oliva y vinagre de vino tinto. Cortar la parte posterior del pollo para poder abrirlo hacia fuera de modo que quede plano y untarlo bien con esta marinada por todas partes. Poner el pollo directamente sobre la rejilla del horno, justo encima de la bandeja de garbanzos, y asarlo durante 1 hora o hasta que esté bien dorado y cocido, dándole la vuelta a la bandeja de garbanzos a media cocción; el resultado será una mezcla maravillosa de bocados de garbanzos crujientes y otros de textura más blanda, aromatizados con los deliciosos jugos del pollo.

Cortar finos los tomates, echarlos en un bol con las hojas de ensalada y 1 cucharada de aceite de oliva virgen extra y sazonar al gusto. Cortar el pollo en porciones y servirlo con los garbanzos y la ensalada.

CALORÍAS	GRASAS	GR. SAT.	PROTEÍNAS	CARBOH.	AZÚCAR	SAL	FIBRA
628 kcal	25,1 g	5,7 g	70,1 g	31,1 g	4,6 g	1 g	10,5 g

POLLO AL ZUMAQUE

PANES PLANOS TOSTADOS, CEBOLLAS CARAMELIZADAS, PIÑONES

Un pan plano con pollo y especias al estilo palestino, muy apreciado y cocinado durante todo el año, pero especialmente durante la cosecha de la aceituna. En este reconfortante plato, cada ingrediente brilla.

PARA 4 PERSONAS | TIEMPO: 1 HORA Y 20 MINUTOS

6 cebollas rojas

1 kg de muslos y contramuslos de pollo con piel y sin deshuesar

1 cucharada colmada de zumaque, y un poco más para servir

50 g de piñones

4 panes planos

Precalentar el horno a 170 °C. Pelar las cebollas, cortarlas en rodajas de ½ cm de grosor y ponerlas en una fuente para el horno grande con el pollo, una buena pizca de sal marina y pimienta negra, 1 cucharada de cada de vinagre de vino tinto y aceite de oliva y el zumaque. Mezclarlo para que se impregne todo bien, disponiendo el pollo con la piel hacia arriba en una sola capa. Asarlo durante 1 hora o hasta que el pollo esté bien cocido, sacudiendo la fuente y añadiendo 100 ml de agua a media cocción. Cuando falten 10 minutos, añadir los piñones y, cumplido el tiempo, sacarlo del horno.

Poner los panes planos directamente sobre la rejilla del horno hasta que estén bien dorados; mientras, desmenuzar el pollo con dos tenedores, desechando los huesos. Repartir las cebollas caramelizadas sobre los panes calientes, llegando justo hasta los bordes; luego esparcir el pollo y terminar con un poco más de zumaque si se desea. Queda buenísimo con cucharadas de yogur por encima o una guarnición de ensalada verde de temporada.

CALORÍAS	GRASAS	GR. SAT.	PROTEÍNAS	CARBOH.	AZÚCAR	SAL	FIBRA
567 kcal	28,7 g	6 g	44,7 g	32,9 g	11,2 g	1,1 g	4,8 g

PATO CRUJIENTE RÁPIDO

CREMOSAS ALUBIAS BLANCAS, BRÓCOLI ASADO, NARANJA Y SALVIA

Este plato da protagonismo a algunos ingredientes clásicos franceses donde priman los sabores y las texturas, pero con el mínimo trabajo. Además, estará en la mesa en solo 20 minutos, por lo que es perfecto para preparar entre semana.

PARA 2 PERSONAS | TIEMPO: 22 MINUTOS

2 pechugas de pato (de 150 g cada una) con la piel

2 ramitas de salvia

200 g de brócoli esparragado púrpura

1 naranja de zumo grande

400 g de alubias blancas en conserva

Marcar las pechugas con un cuchillo, frotarlas bien con sal marina y pimienta negra y ponerlas con la piel hacia abajo en una sartén antiadherente fría; encender el fuego a medio. Cocinarlas 8 minutos sin moverlas, hasta que hayan soltado bien la grasa y la piel esté dorada y crujiente. Darles la vuelta y cocinarlas otros 4 minutos, regándolas con la grasa. Mientras, deshojar la salvia. Limpiar el brócoli, partiendo los tallos por la mitad. Retirar los extremos superior e inferior de la naranja, retirar la piel, cortarla en círculos o en gajos y mezclarla con 1 cucharadita de vinagre de vino tinto y una pizquita de sal y pimienta.

Pasados los 4 minutos, sacar el pato y dejarlo reposar en un plato, dejando la sartén al fuego. Añadir las hojas de salvia y freírlas 1 minuto o hasta que estén crujientes, moviendo la sartén de vez en cuando y pasándolas al plato del pato en cuanto estén listas. Cocinar el brócoli en la sartén durante 4 minutos o hasta que esté ligeramente asado. Verter las judías (incluido el líquido de la conserva), taparlo y cocer 3 minutos. Sazonar al gusto, repartir entre los platos y regarlo con los jugos que queden en la sartén. Cortar el pato, disponerlo sobre las judías y el brócoli, y echar por encima la salvia crujiente y la naranja.

CALORÍAS	GRASAS	GR. SAT.	PROTEÍNAS	CARBOH.	AZÚCAR	SAL	FIBRA
479 kcal	16 g	4,1 g	54,1 g	29,9 g	12,1 g	1,2 g	11,7 g

JUGOSAS PECHUGAS A LA SARTÉN

CUSCÚS SUELTO, SALSA FÁCIL DE GRANADA, PEPINO Y MENTA

Para celebrar algunos de los sabores propios de la costa levantina de Oriente Próximo, esta receta rápida y diferente lleva un toque de zumo de granada que dará como resultado un pollo caramelizado de lo más jugoso.

PARA 4 PERSONAS | TIEMPO: 20 MINUTOS

1 manojo de menta (30 g)

300 g de cuscús integral

1 granada grande madura

1 pepino

4 pechugas de pollo sin piel (de 150 g cada una)

Cortar las hojas del manojo de menta, picarlas finas y ponerlas en un bol. Echar los tallos enteros en otro bol con el cuscús, verter agua hirviendo justo hasta cubrirlo, sazonar con sal marina y taparlo. Dejar que se hidrate. Partir la granada en dos y, sosteniendo con la mano una mitad con el corte hacia abajo, golpear el dorso con una cuchara para que todos los granos caigan en el bol de la menta y repetirlo con la otra mitad. Cortar el pepino en dados de ½ cm y agregarlos al bol con 2 cucharadas de cada de aceite de oliva virgen extra y vinagre de vino tinto. Mezclarlo bien y sazonar al gusto.

Poner una sartén antiadherente grande a fuego medio-alto. Hacer unos cortes longitudinales en las pechugas a intervalos de 1 cm sin llegar a cortarlas hasta abajo. Untar el pollo con 1 cucharada de aceite de oliva y una pizca de sal y pimienta negra, y estrujar por encima algunos granos de granada (que hurtaremos del bol de la salsa) para que caiga el zumo. Cocinar las pechugas en la sartén 8 minutos o hasta que estén bien cocidas, dándoles la vuelta de vez en cuando. Desechar los tallos de menta del cuscús, ahuecarlo con un tenedor, incorporar la mitad de la salsa y repartirlo entre los platos. Cortar el pollo en tiras y disponerlo por encima con el resto de la salsa y las hojas de menta. Terminar con un toque de aceite de oliva virgen extra si se desea.

CALORÍAS	GRASAS	GR. SAT.	PROTEÍNAS	CARBOH.	AZÚCAR	SAL	FIBRA
528 kcal	14,6 g	2,5 g	45,7 g	55,1 g	3 g	0,8 g	6,1 g

FUENTE DE POLLO ASADO

BERENJENA, ARROZ CON SHAWARMA, FRUTOS SECOS Y FRUTA DESECADA

Qué satisfactorios resultan esos platos en los que el horno hace casi todo el trabajo... En este, inspirado en la costa levantina de Oriente Próximo, el arroz y la berenjena absorben el sabor del pollo y las especias.

PARA 2 PERSONAS | PREPARACIÓN: 5 MINUTOS | COCCIÓN: 55 MINUTOS

1 berenjena (de 250 g)

4 contramuslos de pollo (de 150 g cada uno) con piel y sin deshuesar

50 g de cóctel de frutos secos y fruta desecada de calidad

1 cucharada colmada de pasta de shawarma

150 g de arroz basmati

Precalentar el horno a 200 °C. Limpiar la berenjena, abrirla por la mitad a lo largo y, con la punta de un cuchillo, hacerle cortes longitudinales a intervalos de 1 cm. Luego, cortar cada trozo otra vez por la mitad. Poner la berenjena en una fuente refractaria de 20 cm × 25 cm con el pollo y mezclarlo con 1 cucharada de cada de aceite de oliva y vinagre de vino tinto y una pizca de sal marina y pimienta negra. Asarlo durante 25 minutos. Mientras, picar finos los frutos secos y las frutas desecadas.

Poner agua a hervir. Sacar la fuente del horno e incorporar la pasta de shawarma, la mitad del cóctel y el arroz. Agregar 300 ml de agua hirviendo y devolver al horno durante 25 minutos o hasta que el arroz esté cocido y la carne del pollo se desprenda fácilmente del hueso. Ahuecar un poco el arroz con dos tenedores, echar por encima la otra mitad del cóctel y servir.

CALORÍAS	GRASAS	GR. SAT.	PROTEÍNAS	CARBOH.	AZÚCAR	SAL	FIBRA
816 kcal	39 g	8,1 g	37,7 g	82,3 g	14,0 g	1,1 g	8,4 g

POLLO ASADO CON PATATAS FRITAS

CEBOLLAS CARAMELIZADAS, LIMÓN ASADO Y ORÉGANO FRESCO

Hay algo maravillosamente humilde en la combinación de pollo con patatas. Inspirado en mis viajes por Grecia, esta versión de un plato tan apreciado gustará a todos los comensales.

PARA 4 PERSONAS | TIEMPO: 1 HORA Y 18 MINUTOS

1 kg de patatas rojas

2 cebollas

1 manojo de orégano (20 g)

2 limones

4 muslos de pollo (de 250 g cada uno)

Retirar la rejilla superior del horno y precalentarlo a 200 °C. Frotar las patatas para limpiarlas, cortarlas en trozos desiguales de entre 2 y 5 cm y echarlos en una fuente refractaria grande. Pelar las cebollas, partirlas en cuartos, separarlas en pétalos y añadirlas a la fuente. Echar la mitad de las hojas del orégano en un mortero y machacarlas hasta obtener una pasta con una pizca de sal marina y pimienta negra; luego, incorporar 2 cucharadas de cada de aceite de oliva y vinagre de vino tinto. Rociar casi toda la marinada en la fuente, mezclarlo todo bien y asarlo 10 minutos.

Mientras, cortar la cáscara de los limones en tiras con un pelador y abrirlos por la mitad. Bañar los muslos de pollo con la marinada reservada. Pasados los 10 minutos, colocar el pollo directamente sobre la rejilla superior del horno y meter la rejilla en el horno para que la fuente con las cebollas y las patatas recoja todos los jugos que vaya soltando. Echar los medios limones en la fuente de las patatas y asarlo 1 hora o hasta que todo esté dorado, removiendo las patatas y las cebollas a media cocción e incorporando el resto de las hojas del orégano y las tiras de cáscara de limón en los últimos 15 minutos. Con cuidado, sacar el pollo y las verduras del horno y exprimir por encima las mitades de limón asadas antes de servir.

CALORÍAS	GRASAS	GR. SAT.	PROTEÍNAS	CARBOH.	AZÚCAR	SAL	FIBRA
615 kcal	30,2 g	7,2 g	38 g	50,8 g	6,8 g	0,9 g	4,6 g

BOEUF

CARNE

COSTILLAS DE TERNERA AL RIOJA

CONTUNDENTE SALSA DE TOMATE Y VINO TINTO, GLASEADO DE MERMELADA

¡Me encanta cocinar costillas de ternera! Es fácil conseguirlas en la carnicería; su carne se deshace en la boca, pero además los huesos le aportan un increíble sabor a la salsa.

PARA 6 PERSONAS | TIEMPO: 4 HORAS Y 35 MINUTOS

6 costillas de ternera con el hueso (1,5 kg aprox. en total)

600 g de cebolla, zanahoria y apio picados congelados

300 ml de vino tinto de Rioja

3 latas (de 400 g cada una) de tomates pera

3 cucharaditas de mermelada de naranja amarga con trozos

Precalentar el horno a 160 °C. Poner una sartén antiadherente grande a fuego medio-alto. Sazonar las costillas muy generosamente con pimienta negra y una pizca de sal marina, y remover para que se impregnen bien. Introducirlas en la sartén caliente con 1 cucharada de aceite de oliva, dorarlas durante 10 minutos dándoles la vuelta con frecuencia con unas pinzas, y pasarlas a una fuente para el horno o cacerola refractaria de paredes altas donde quepan justas con el lado del hueso hacia abajo. Echar las verduras congeladas a la sartén con los jugos de las costillas y rehogarlas 10 minutos hasta que se ablanden; luego, verter el vino y dejar que se evapore casi todo. Añadir los tomates, chafándolos con un pasapurés. Luego, llenar hasta la mitad las tres latas de tomate, mover el agua para recoger los restos y verterlas en la cazuela. Llevarlo a ebullición y sazonar ligeramente con sal y pimienta. Verter la salsa sobre las costillas, taparlas y cocinarlas en el horno durante 4 horas o hasta que la carne esté muy tierna, bañándolas con los jugos de la fuente de vez en cuando y añadiendo chorritos de agua si fuera necesario.

Cuando la carne esté tierna, retirar el exceso de grasa de la fuente con una cuchara (guardarla en un tarro para cocinar otro día). Calentar la mermelada en un cazo con un chorrito de agua y extenderla por encima de la carne y los huesos de las costillas. Devolver la fuente al horno y asar 10 minutos para glasear el asado. Servirlo con el carbohidrato que se prefiera y verduras de temporada al vapor.

CALORÍAS	GRASAS	GR. SAT.	PROTEÍNAS	CARBOH.	AZÚCAR	SAL	FIBRA
540 kcal	35,6 g	15,2 g	34 g	12,2 g	11,2 g	0,8 g	3,4 g

Napolina

SOLOMILLO A LAS HIERBAS Y PATATAS CRUJIENTES

PESTO VERDE, ENSALADA DE TOMATES DE COLORES Y PISTACHOS PICADOS

Inspirado en el pistou, un delicioso condimento francés a base de albahaca, ajo y aceite, este sabroso plato alegrará cualquier mesa. Utilizo pesto para facilitar las cosas, pero mejor comprarlo fresco para ganar en sabor y textura.

PARA 2 PERSONAS | TIEMPO: 30 MINUTOS

500 g de patatas rojas

1 solomillo de ternera (de 300 g)

4 cucharaditas de pesto verde fresco o pistou

6 tomates maduros medianos de colores variados

20 g de pistachos sin cáscara y sin sal

Frotar las patatas para limpiarlas, cortarlas en trozos de 2 cm, ponerlas en una sartén antiadherente grande a fuego medio con 2 cucharadas de aceite de oliva y sazonarlas con sal marina y pimienta negra. Freírlas durante 20 minutos o hasta que estén doradas y bien cocidas, removiendo con frecuencia. Luego, pasarlas a un bol. Poner la sartén a fuego alto.

Retirar la grasa del solomillo, cortarla en trocitos y ponerla a derretir en la sartén. Sazonar generosamente el solomillo, untarlo bien con 2 cucharaditas de pesto y marcarlo 3 minutos por cada lado si se desea al punto o dejarlo hasta que tenga la cocción deseada. Dejarlo reposar en un plato. Volver a poner las patatas en la sartén para calentarlas; mientras, cortar los tomates en rodajas de 1 cm de grosor y disponerlas en los platos de servir. Aliñar con un chorrito de vinagre de vino tinto, otro de aceite de oliva virgen extra y sazonar al gusto. Repartir por encima las patatas, cortar y distribuir el solomillo y verter por encima los jugos de la carne. Extender por encima el pesto restante; luego, machacar los pistachos y esparcirlos. Terminar con un chorrito de aceite de oliva virgen extra si se desea.

CALORÍAS	GRASAS	GR. SAT.	PROTEÍNAS	CARBOH.	AZÚCAR	SAL	FIBRA
735 kcal	42,1 g	11,7 g	40 g	51,8 g	9,5 g	1,4 g	6,4 g

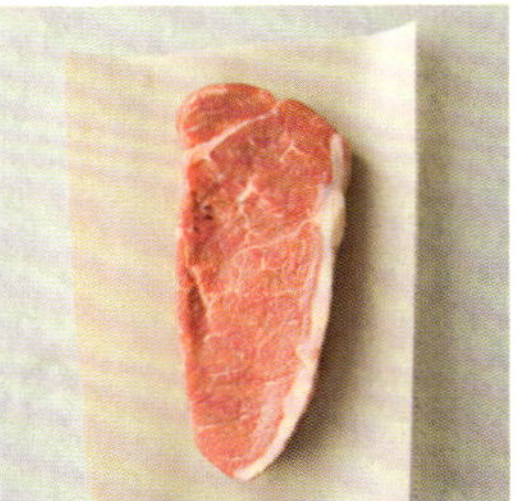

CERDO CON SALSA CREMOSA DE MOSTAZA

SETAS DORADAS, CRÈME FRAÎCHE Y RÚCULA

Esta es una de esas recetas muy rápidas pero que impresionan, inspirada en el tiempo que pasé cocinando y comiendo en Francia. Se suele pensar que las salsas son complicadas, pero esta se elabora en un santiamén.

PARA 2 PERSONAS | TIEMPO: 10 MINUTOS

300 g de solomillo de cerdo

200 g de setas variadas

1 cucharada colmada de mostaza de textura granulada

2 cucharadas colmadas de crème fraîche

40 g de rúcula

Poner una sartén antiadherente grande a fuego alto. Cortar el solomillo en 6 medallones, dándoles unos golpes para aplanarlos ligeramente, y cortar las setas en láminas gruesas. Ponerlo todo en la sartén con 1 cucharada de aceite de oliva y cocinarlo durante 2 minutos por cada lado o hasta que las setas estén doradas y el cerdo esté hecho; luego, sacar a un plato solo las setas. Verter la mostaza y la crème fraîche y proseguir la cocción 1 minuto más, diluyendo la consistencia con un poco de agua si fuera necesario. Probarlo y sazonar al gusto con sal marina y pimienta negra, repartirlo entre los platos, echar por encima las setas doradas y la rúcula y terminar con un chorrito de aceite de oliva virgen extra. Queda muy bien acompañado de arroz.

CALORÍAS	GRASAS	GR. SAT.	PROTEÍNAS	CARBOH.	AZÚCAR	SAL	FIBRA
370 kcal	23,9 g	8,9 g	36,8 g	1,9 g	1,5 g	1,2 g	1,4 g

GUISO DE FILETES ENROLLADOS

RELLENO DE TAPENADE Y TALEGGIO, SALSA DE TOMATE

A un corte de carne relativamente barato, como el redondo de ternera, se le puede sacar mucho partido enrollándolo y combinándolo con otros sabores intensos y guisándolo hasta que queda delicioso y tiernísimo. Me encanta.

PARA 6 PERSONAS | TIEMPO: 1 HORA Y 30 MINUTOS

6 filetes de redondo de ternera (de 150 g cada uno)

6 cucharaditas de tapenade de aceitunas negras

100 g de queso taleggio

1 ramita de salvia

2 botes (de 400 g cada uno) de salsa de tomate y vino tinto

Precalentar el horno a 180 °C. Poner uno de los filetes entre dos trozos de papel de horno y golpearlo con un rodillo para aplanarlo hasta alcanzar ½ cm de grosor. Repetirlo con los demás filetes y disponerlos todos en una superficie de trabajo limpia. Extender 1 cucharadita de tapenade por la superficie de cada filete, trocear el taleggio por encima, enrollarlos y atar cada uno con un trozo de hilo de cocina.

Deshojar la salvia, echar las hojas en una cazuela grande a fuego medio-alto con 3 cucharadas de aceite de oliva y freírlas hasta que estén crujientes. Luego, dejarlas escurrir sobre papel de cocina. Añadir los filetes enrollados a la cazuela y dorarlos por todas partes durante 4 minutos. Verter a continuación los dos botes de salsa. Llenar hasta la mitad ambos botes, mover el agua para recoger los restos y verterlos en la cazuela. Llevarlo a ebullición, taparlo y meterlo en el horno durante 1 hora. Destaparlo, darles la vuelta a los filetes y cocinarlo otros 20 minutos sin la tapa o hasta que, al pellizcarlos, los filetes estén tiernos. Pasar los filetes a un plato, cortar los hilos y desecharlos. Retirar la grasa que hubiera en la superficie de la salsa y regar la carne con ella. Probarlo, sazonar la salsa al gusto, verterla en una fuente de servir grande, cortar los filetes en rodajas y disponerlos por encima de la salsa. Esparcir por encima las hojas de salvia fritas y servir. Está increíble tal cual o acompañado de pan, puré de patata, polenta o espaguetis.

CALORÍAS	GRASAS	GR. SAT.	PROTEÍNAS	CARBOH.	AZÚCAR	SAL	FIBRA
515 kcal	35,6 g	12,6 g	35,8 g	11,8 g	7,2 g	2,1 g	2 g

BLACK OLIVE

CEBOLLAS RELLENAS

SALCHICHAS Y FETA A LAS HIERBAS, ARROZ CON TOMATE

En las islas griegas rellenan diferentes verduras con semillas, hierbas y todo tipo de combinaciones maravillosas y esta es mi versión, un homenaje a las cebollas rellenas de ingredientes sencillos.

PARA 4 PERSONAS | TIEMPO: 1 HORA Y 10 MINUTOS

4 cebollas grandes de diferentes variedades

6 salchichas a las finas hierbas (400 g en total)

60 g de queso feta

1 lata (de 400 g) de tomates pera

250 g de arroz basmati

Precalentar el horno a 200 °C. Pelar las cebollas, partirlas por la mitad a lo ancho y ponerlas en una cazuela grande poco profunda. Sazonarlas con sal marina y pimienta negra, rociarlas con 1 cucharada de aceite de oliva y asarlas en el horno durante 30 minutos. En un bol, apretar la piel de las salchichas para extraer la carne, desechando las pieles, agregar el feta troceado y reservar. Cuando las cebollas estén listas, usar unas pinzas para pasarlas a una tabla de cortar. Retirar con cuidado la parte central, picarla gruesa, echar esta cebolla picada a la cazuela y ponerla a fuego medio. Con las manos limpias, estrujar los tomates sobre la cazuela, añadir 1 lata de agua, llevarlo a ebullición, agregar el arroz y mezclarlo todo bien.

Separar las cebollas en sus diferentes capas (como se ve en la foto) y repartir en ellas la mezcla de salchicha y feta. Asentar las cebollas encima del arroz, apretando para sumergirlas un poco, procurando cubrir toda la superficie hasta los bordes de la cazuela. Regar con 1 cucharada de aceite de oliva y meterlo en el horno 20 minutos o hasta que se dore por encima y el arroz esté cocido. Desmenuzar por encima el resto del feta y servir.

CALORÍAS	GRASAS	GR. SAT.	PROTEÍNAS	CARBOH.	AZÚCAR	SAL	FIBRA
630 kcal	26,6 g	8,5 g	24,1 g	77,8 g	14,6 g	2,3 g	5,3 g

Napolina
PEELED PLUM

CERDO CON PIMIENTOS

ALCACHOFAS FRITAS, GARBANZOS Y ALIOLI DE ALCACHOFAS

Un homenaje a los sabores de España que confluyen en armonía. Que las chuletas queden jugosas es clave, por lo que recomiendo cocinar dos filetes gruesos para cuatro personas; finos quedarán algo secos.

PARA 4 PERSONAS | TIEMPO: 40 MINUTOS

4 pimientos de colores variados (al menos 1 de ellos rojo)

280 g de corazones de alcachofa en conserva de aceite

3 dientes de ajo

2 chuletas de cerdo gruesas (de 400 g cada una), con el hueso, sin la piel pero reservada (pedirlo en la carnicería)

700 g de garbanzos en conserva

Chamuscar con cuidado los pimientos en uno de los fogones (o en una barbacoa o bajo el gratinador), girándolos con unas pinzas hasta que estén asados. Escurrir las alcachofas, reservando el aceite. Pelar el ajo y machacarlo en un mortero junto con una buena pizca de sal marina, añadir 1 cucharadita de vinagre de vino tinto y mezclarlo bien. Sin dejar de remover, ir agregando el aceite de las alcachofas reservado hasta que espese y emulsione. Probarlo y sazonar al gusto con sal y pimienta negra.

Con un cuchillo, cortar la grasa de las chuletas a intervalos de ½ cm y sazonarlas con sal. Juntar las dos chuletas y, en una sartén antiadherente grande, sostenerlas con unas pinzas de forma que la grasa esté en contacto con la sartén. Marcar la grasa a fuego medio durante 10 minutos hasta que quede crujiente y se derrita. Freír las chuletas 5 minutos por cada lado o hasta que estén doradas y bien cocidas, incorporando las alcachofas en los últimos 2 minutos. Pasarlo todo a un plato. Limpiar la sartén con papel de cocina y asar la piel hasta que esté crujiente. Pelar los pimientos, desechar las semillas y cortarlos en tiras; luego, aliñarlos con un chorrito de vinagre y una pizca de sal y pimienta. Triturar 1 pimiento rojo en la batidora y verterlo en la sartén con los garbanzos (y el líquido de la conserva). Calentarlo un par de minutos y pasarlo a una fuente. Disponer encima las chuletas de cerdo con los jugos que hayan quedado en el plato. Echar por encima los pimientos y las alcachofas y trocear la corteza de cerdo. Servirlo acompañado del alioli para rociarlo por encima.

CALORÍAS	GRASAS	GR. SAT.	PROTEÍNAS	CARBOH.	AZÚCAR	SAL	FIBRA
517 kcal	31,4 g	10,4 g	31,8 g	26,2 g	7,4 g	2 g	10,7 g

Jamie Oliver
HEARTS

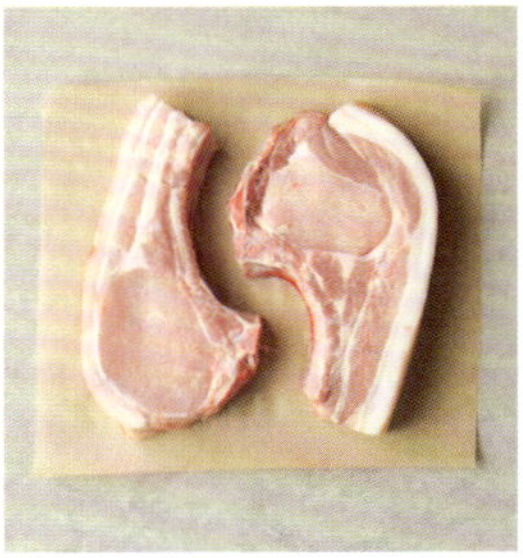

JARRETES DE CORDERO TIERNOS

BERENJENAS AHUMADAS, TOMATE ESPECIADO Y JUDÍAS GUISADAS

Me encanta cocinar a fuego lento una carne hasta que se deshaga en la boca, como en esta receta de cordero con ras el hanout, una mezcla de especias del norte de África de lo más reconfortante.

PARA 4 PERSONAS | PREPARACIÓN: 5 MINUTOS | COCCIÓN: 3 HORAS Y 10 MINUTOS

4 jarretes de cordero (de unos 400 g cada uno)

2 cucharadas de ras el hanout, y un poco más para servir

2 berenjenas (de 250 g cada una)

2 latas (de 400 g cada una) de tomates pera

800 g de alubias variadas en conserva

Precalentar el horno a 200 °C. Untar bien los jarretes con 1 cucharada de cada de aceite de oliva y vinagre de vino tinto y la mitad del ras el hanout. Ponerlos en una cazuela grande y hornearlos durante 40 minutos, dándoles la vuelta a media cocción. Mientras, pinchar las berenjenas y, con cuidado, chamuscarlas en una de las llamas de los fogones (o bajo el gratinador), girándolas con unas pinzas hasta que estén tiernas por dentro.

Cuando se hayan enfriado un poco, retirar con cuidado la piel de las berenjenas y echar la pulpa a la cazuela una vez pasados los 40 minutos. Con las manos limpias, estrujar los tomates sobre la cazuela, añadir una pizca de sal marina y pimienta negra, el ras el hanout restante y las judías (incluido el líquido de la conserva) y mezclarlo bien. Bajar el horno a 160 °C, tapar la cazuela y hornear durante 2 horas y 30 minutos o hasta que la carne esté muy tierna y se desprenda del hueso. Espolvorear más ras el hanout y servir. Está delicioso tal cual o acompañado de arroz o panes planos calientes.

CALORÍAS	GRASAS	GR. SAT.	PROTEÍNAS	CARBOH.	AZÚCAR	SAL	FIBRA
704 kcal	35 g	15,8 g	61,4 g	33,2 g	11,8 g	1,7 g	14,8 g

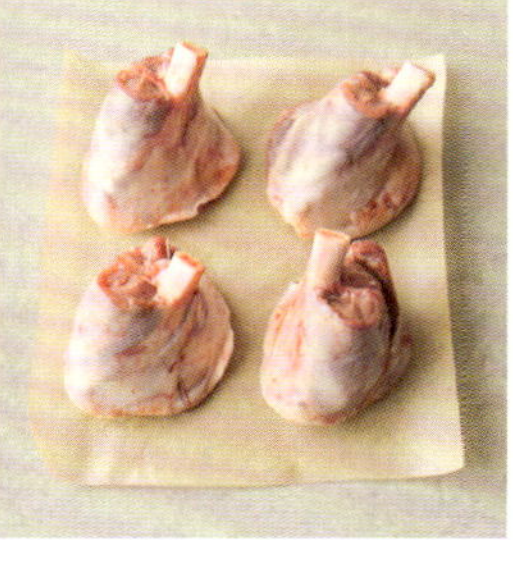

RAS EL HANOUT

PEELED PLUM TOMATOES

ALBÓNDIGAS DE CORDERO

SALSA DE TZATZIKI Y MENTA, PIMIENTOS ROJOS ASADOS Y LIMÓN

Paseando por la bulliciosa ciudad de Tesalónica vi todo tipo de albóndigas de muchas formas y tamaños que me inspiraron a la hora de crear este plato sencillo y riquísimo: ideal como entrante o como parte de un meze.

PARA 4 PERSONAS | TIEMPO: 25 MINUTOS

1 limón

200 g de tzatziki envasado

1 manojo de menta (30 g)

230 g de pimientos rojos asados en conserva

400 g de carne de cordero picada

Rallar la piel del limón y reservarla. Exprimir medio limón en el vaso de la batidora, añadir el tzatziki y casi todas las hojas de menta y batir hasta obtener una salsa homogénea. Sazonar al gusto con sal marina y pimienta negra y reservar. Escurrir y picar fino uno de los pimientos y ponerlo en un bol con la mitad de la ralladura de limón, el cordero, una pizca de sal y abundante pimienta. Amasarlo bien, dividirlo en 8 partes y formar albóndigas largas y ovaladas.

Echar 1 cucharada de aceite de oliva en una sartén antiadherente grande a fuego alto, incorporar las albóndigas y freírlas durante 10 minutos o hasta que estén doradas y bien cocidas, dándoles la vuelta de vez en cuando. Escurrir los demás pimientos, cortarlos en trozos y añadirlos a la sartén, alrededor de las albóndigas, en los últimos 2 minutos, dándoles la vuelta a media cocción. Repartir la salsa entre los platos, poner encima las albóndigas y los pimientos y esparcir la ralladura de limón y las hojas de menta reservadas. Cortar el medio limón restante en cuñas para exprimirlas por encima. Está delicioso servido con pan para mojar la salsa.

CALORÍAS	GRASAS	GR. SAT.	PROTEÍNAS	CARBOH.	AZÚCAR	SAL	FIBRA
241 kcal	15,5 g	6,4 g	21,7 g	3,6 g	2,8 g	0,6 g	0,7 g

SUCULENTO GUISO DE CERDO

SALVIA FRITA, CEBOLLA, TOMATE Y PURÉ DE CALABAZA

Este guiso no podría ser más fácil. El sabor que he intentado recrear es el que los italianos llaman *agrodolce*, es decir, el dulce de las cebollas cocinadas a fuego lento y el ácido de la reducción del vinagre.

PARA 4 PERSONAS | TIEMPO: 3 HORAS

2 ramitas de salvia

600 g de carrillera o paletilla de cerdo

3 cebollas

2 latas (de 400 g cada una) de tomates pera

1 calabaza moscada grande (1,5 kg)

Precalentar el horno a 160 °C. Deshojar la salvia, echar las hojas en una cazuela grande a fuego medio con 3 cucharadas de aceite de oliva y freírlas hasta que estén crujientes. Luego, escurrirlas sobre papel de cocina, dejando el aceite aromatizado en la cazuela. Cortar el cerdo en trozos de 2 cm, mezclarlos con 2 cucharaditas de pimienta negra y una pizca de sal marina y dorarlo en la cazuela. Mientras, pelar las cebollas, picarlas gruesas y añadirlas. Agregar un buen chorro de vinagre de vino tinto y cocinarlo 20 minutos o hasta que el guiso esté oscuro y caramelizado, removiendo de vez en cuando. Con las manos limpias, estrujar los tomates sobre la cazuela y añadir 2 latas de agua. Tapar la cazuela y meterla en el horno durante 2 horas y 30 minutos o hasta que esté bien tierno. Entonces, probarlo y sazonar al gusto.

Cuando falte 1 hora y 15 minutos, partir la calabaza por la mitad, retirar las semillas, ponerla en una bandeja de horno y untarla bien con 1 cucharada de aceite de oliva y una pizca de sal y pimienta. Ponerla en el horno y asarla hasta que esté tierna; añadir un chorrito de agua al guiso si fuera necesario. Por último, sacar a cucharadas la pulpa de la calabaza y servirla en los platos junto al guiso, esparciendo por encima las hojas crujientes de salvia.

CALORÍAS	GRASAS	GR. SAT.	PROTEÍNAS	CARBOH.	AZÚCAR	SAL	FIBRA
636 kcal	35 g	9,4 g	34,8 g	49,2 g	32,0 g	0,9 g	10,2 g

Napolina

JUDIONES GUISADOS

MINIALBÓNDIGAS DE SALCHICHA, TOMATES DULCES E INTENSO FETA

A los mediterráneos les encantan las judías y alubias, muy variadas y abundantes. Inspirado en un meze delicioso que tomé en Tesalónica, creé este plato muy sencillo y sabroso que en casa nos encanta.

PARA 6 PERSONAS | TIEMPO: 50 MINUTOS

6 salchichas de cerdo picantes o una alternativa vegetariana (400 g en total)

320 g de cebolla, zanahoria y apio picados congelados

700 g de judiones en conserva

2 latas (de 400 g cada una) de tomates pera

200 g de queso feta

Precalentar el horno a 180 °C. Poner una sartén refractaria antiadherente grande a fuego medio con 1 cucharada de aceite de oliva. Apretar la piel de las salchichas para extraer la carne formando bolas de unos 3 cm e ir echándolas directamente en la sartén. Dorarlas bien durante 3 minutos y sacarlas a un plato. Echar las verduras congeladas en la sartén y rehogarlas 10 minutos, removiendo con frecuencia, y a continuación verter los judiones (incluido el líquido de la conserva). Con las manos limpias, estrujar los tomates sobre la sartén, sazonar con pimienta negra y llevar a ebullición. Desmigar la mitad del feta e incorporarlo a la sartén junto con las albóndigas. Trocear grueso el resto del feta y disponerlo por encima. Hornearlo durante 25 minutos o hasta que esté dorado y el guiso haya espesado y reducido. Me gusta servirlo tal cual o con pan fresco para mojar la salsa.

CALORÍAS	GRASAS	GR. SAT.	PROTEÍNAS	CARBOH.	AZÚCAR	SAL	FIBRA
571 kcal	34,6 g	13,3 g	31,4 g	32,9 g	12,6 g	2 g	10,6 g

Napolina
PEELED PLUM TOMATOES

TAGLIATA DE TERNERA
REMOLACHAS BALSÁMICAS GLASEADAS, QUESO DE CABRA Y ESTRAGÓN

Este plato homenajea un corte de carne muy económico; cocinado al punto, cortado en lonchas finas y acompañado de los sabores innegables de la remolacha, el aceite balsámico, el queso de cabra y el estragón, es todo un deleite.

PARA 2 PERSONAS | TIEMPO: 16 MINUTOS

180 g de remolachas cocidas al vacío (no en vinagre)

1 filete de falda de ternera o entraña (de 300 g)

4 cucharadas de reducción de vinagre balsámico

70 g de queso de cabra blando

½ manojo de estragón (10 g)

Limpiar las remolachas y cortarlas en lonchas de ½ cm de grosor. Precalentar una sartén antiadherente grande a fuego alto. Sazonar el filete con sal marina y pimienta negra, ponerlo en la sartén con 1 cucharada de aceite de oliva y freírlo 5 minutos o hasta que esté al punto, dándole la vuelta y moviéndolo por la sartén con frecuencia. Luego, sacarlo a un plato y dejarlo reposar. Poner las remolachas en la sartén, rociarlas con el vinagre balsámico y remover unos minutos para glasearlas. Repartir las remolachas entre los platos; luego, cortar el queso de cabra en rodajas finas y disponerlo por encima. Cortar el filete fino perpendicular a la fibra y servirlo también, rociando por encima los jugos que hayan quedado en el plato. Deshojar el estragón, aliñar las hojas con un poco de aceite de oliva virgen extra y vinagre de vino tinto y disponerlas por encima.

CALORÍAS	GRASAS	GR. SAT.	PROTEÍNAS	CARBOH.	AZÚCAR	SAL	FIBRA
523 kcal	30 g	13 g	42,9 g	19,4 g	18,4 g	1,4 g	1,7 g

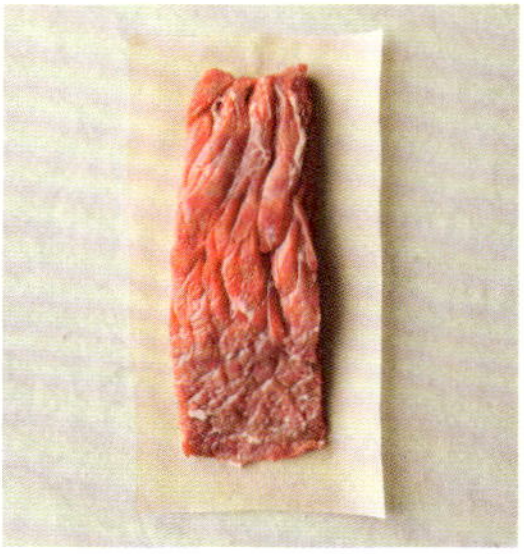

PALETILLA DE CORDERO DESMENUZADA

ESPECIAS BAHARAT, VERDURAS ENCURTIDAS, PANES PLANOS Y HUMUS

Un maravilloso plato de fiesta donde la protagonista es la especia baharat del Mediterráneo oriental, con verduras encurtidas, pan casero, humus y una carne que se deshace de tierna: espectacular.

PARA 10 PERSONAS | PREPARACIÓN: 5 MINUTOS | COCCIÓN: 5 HORAS Y 20 MINUTOS

42 g de mezcla de especias baharat

1 paletilla de cordero de 3 kg, con hueso

1 kg de harina con levadura

2 bolsas (de 320 g) de verduras para saltear (pimiento, cebolla, zanahoria y col)

400 g de humus envasado

Precalentar el horno a 150 °C. Mezclar 2 cucharadas de cada de aceite y vinagre con casi todo el baharat y una buena pizca de sal y pimienta; untar bien la paletilla con esta mezcla. Ponerla en una fuente con un chorro de agua, taparla bien ajustada con papel de aluminio y asarla 5 horas o hasta que la carne esté tierna y se desprenda del hueso. Retirar el aluminio, rociar la carne con los jugos y asarla 20 minutos más.

Mezclar la harina con una pizquita de sal marina e incorporar gradualmente 600 ml de agua removiendo con un tenedor. Pasar la masa a una superficie enharinada y trabajarla hasta que quede fina. Dividir en 10 porciones, colocarlas en una bandeja enharinada, cubrirlas con un paño húmedo y dejarlas reposar. Verter las verduras en un bol grande y aliñarlas con 4 cucharadas de vinagre y una buena pizca de sal y pimienta. Remover y dejar reposar para que se haga un encurtido. Cuando falten 30 minutos para que la carne esté lista, trabajar la masa hasta obtener círculos de unos 25 cm de diámetro. Por tandas, cocinar cada pan en seco en una sartén antiadherente grande a fuego alto hasta que estén dorados e hinchados. Reservar debajo de un paño de cocina limpio. Escurrir la grasa del cordero (guardarla en un tarro para otro día). Verter un buen chorro de agua hirviendo en los jugos de la bandeja, raspando los restos que se hayan pegado a la base. Pasar el humus a un bol de servir con una pizca de especias baharat y diluir un poco la consistencia con un buen chorro de agua. Desmenuzar el cordero, desechando los huesos, y mezclarlo con los jugos de la bandeja. Para servir, rellenar los panes con verduras encurtidas, cordero desmenuzado, humus y una pizca de baharat.

CALORÍAS	GRASAS	GR. SAT.	PROTEÍNAS	CARBOH.	AZÚCAR	SAL	FIBRA
923 kcal	46,1 g	17,7 g	44,2 g	84,6 g	5,4 g	2,2 g	8,6 g

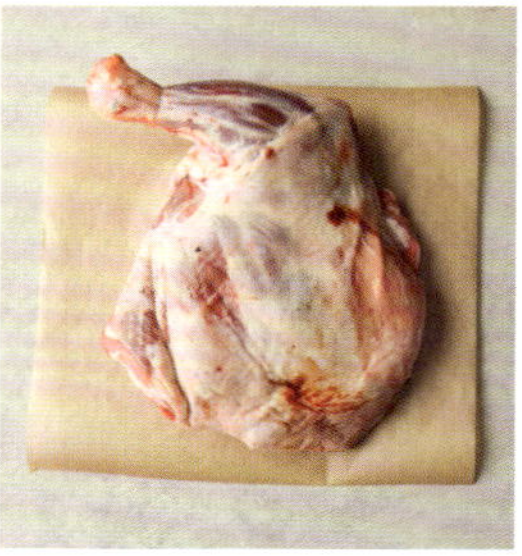

CERDO CON CIRUELAS PASAS

ZANAHORIAS Y CHICHARRONES AL ROMERO

La bellísima isla griega de Skopelos considera las ciruelas pasas uno de sus ingredientes más preciados y las utilizan de muchísimas formas, como en este guiso, donde aporta un sabor intenso entre dulce y salado.

PARA 6 PERSONAS | TIEMPO: 2 HORAS Y 15 MINUTOS

1,5 kg de panceta de cerdo, sin la piel ni las costillas pero reservadas (pedirlo en la carnicería)

½ manojo de romero (10 g)

1 cucharada colmada de cilantro molido

800 g de zanahorias de colores variados

200 g de ciruelas pasas (deshuesadas)

Precalentar el horno a 220 °C. Para elaborar los chicharrones, enrollar la piel de cerdo y, con un cuchillo afilado, cortarla en tiras de 1 cm y ponerlas en una fuente honda para el horno. Sazonarla con una buena pizca de sal marina y pimienta negra y asarla durante 20 minutos o hasta que esté dorada y crujiente; en los últimos 5 minutos, deshojar por encima la mitad del romero. Dejar escurrir sobre papel de cocina y reservar; bajar el horno a 160°C.

Mientras, cortar el resto de la panceta en trozos de 2,5 cm y mezclar bien la panceta y las costillas con una pizca de sal, 1 cucharadita de pimienta y el cilantro molido. Freírlo en una cazuela grande a fuego alto con 1 cucharada de aceite de oliva hasta que esté bien dorado, removiendo con frecuencia; mientras, cortar las zanahorias en trozos de 3 cm y picar gruesas las ciruelas. Agregar ambas a la cazuela y deshojar en ella el resto del romero. Removerlo todo sin parar durante 5 minutos para realzar el color, añadir un chorrito de vinagre de vino tinto, verter 600 ml de agua hirviendo y mezclar. Taparlo y cocinarlo despacio en el horno durante 1 hora y 30 minutos o hasta que esté bien tierno, removiendo a media cocción y añadiendo un chorrito de agua si fuera necesario. Servir el guiso con los chicharrones crujientes encima. Está delicioso acompañado de pan, arroz o patatas.

CALORÍAS	GRASAS	GR. SAT.	PROTEÍNAS	CARBOH.	AZÚCAR	SAL	FIBRA
671 kcal	44,8 g	15,6 g	42,2 g	26,8 g	19,2 g	1,3 g	5,8 g

ESCALOPE DE CERDO

HUEVO FRITO, ACEITUNAS MARINADAS Y LIMÓN

Los filetes empanados y fritos hasta quedar crujientes y jugosos gustan en todo el Mediterráneo. Acompañado de un huevo frito, que siempre es un éxito, aceitunas y un toque de zumo de limón, este plato está de rechupete.

PARA 2 PERSONAS | TIEMPO: 20 MINUTOS

100 g de pan rallado fino

3 huevos grandes

300 g de solomillo de cerdo en una pieza

8 aceitunas marinadas variadas

½ limón

Echar el pan rallado en un plato grande y batir 1 huevo en un bol poco profundo. Cortar el solomillo en 4 trozos iguales. De uno en uno, poner los trozos entre dos papeles de horno y golpearlos con el puño o con un rodillo hasta que tengan ½ cm de grosor. Sazonar cada filete con sal marina y pimienta negra, sumergirlo en el huevo, dejando que escurra el sobrante, y pasarlo por el pan rallado, presionando para que quede bien adherido. Trocear las aceitunas (deshuesándolas si fuera necesario) y los ingredientes de la marinada, si hubiera, y cortar el limón en cuñas.

Me gusta cocinar cada porción por separado: poner 2 escalopes en una sartén antiadherente grande a fuego medio-alto con un buen chorro de aceite de oliva y freírlos 1 minuto y medio por cada lado o hasta que estén dorados y bien cocidos. Tras darles la vuelta, cascar un huevo a un lado y freírlo también, al gusto; inclinar un poco la sartén para ir recogiendo el aceite, echarlo por encima del huevo y freírlo mejor. Dejar escurrir los escalopes sobre un plato con papel de cocina, emplatarlos y poner encima el huevo frito. Esparcir la mitad de las aceitunas y repetir con el resto de los ingredientes para preparar la segunda porción. Servir con las cuñas de limón para exprimirlas por encima.

CALORÍAS	GRASAS	GR. SAT.	PROTEÍNAS	CARBOH.	AZÚCAR	SAL	FIBRA
492 kcal	16,8 g	5 g	60,7 g	24,4 g	2,1 g	1,8 g	1,1 g

TANGIA DE CORDERO

TOMATE ESPECIADO, CALDO DE ACEITUNAS Y FIDEOS DE ARROZ FINOS

Este es uno de los platos más fáciles y deliciosos que se pueden preparar en los que el horno hace el grueso del trabajo, adquiriendo un sabor intenso y delicioso que luego absorberán los fideos.

PARA 4 PERSONAS | PREPARACIÓN: 15 MINUTOS | COCCIÓN: 3 HORAS

1,2 kg de cuello de cordero, con hueso, en filetes

2 cucharadas de ras el hanout, y un poco más para servir

1 kg de tomates maduros de colores variados

100 g de aceitunas marinadas variadas

3 nidos de fideos de arroz finos (150 g)

Precalentar el horno a 180 °C. Poner el cordero en un puchero grande (o una tangia) con el ras el hanout. Partir los tomates en cuartos, desechar las semillas y añadirlos al puchero junto con las aceitunas (y los ingredientes de la marinada). Verter 1,5 litros de agua hirviendo, taparlo y cocinarlo en el horno durante 3 horas o hasta que la carne esté tierna y se desprenda del hueso. Probarlo, sazonar el caldo al gusto, romper los fideos e incorporarlos, asegurándose de que quedan sumergidos. Luego, tapar y esperar 5 minutos a que los fideos se hidraten y absorban el sabroso caldo. Para servir, sacar el cordero del puchero, desmenuzarlo (retirando los trozos que puedan tener cartílagos y huesos) y devolver la carne al puchero. Mezclarlo bien y terminar con un chorrito de aceite de oliva virgen extra y un poco más de ras el hanout espolvoreado por encima.

CALORÍAS	GRASAS	GR. SAT.	PROTEÍNAS	CARBOH.	AZÚCAR	SAL	FIBRA
544 kcal	24,2 g	10,2 g	34,2 g	46,8 g	8 g	1,8 g	3,4 g

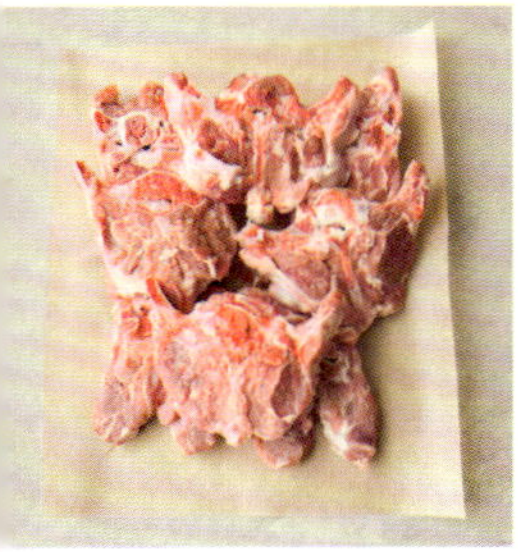

Al'fez
RAS EL HANOUT

GUISO DE CERDO BALSÁMICO

SALSA DE TOMATE, APIO, MEZCLA DE ESPECIAS, PIMIENTA NEGRA Y CEBOLLA

Este reconfortante guiso italiano ofrece una complejidad de sabores realzados por las suaves especias. Además, cocer a fuego lento el cerdo con vinagre es el no va más. Si sobra algo, se puede aprovechar y mezclarlo con pasta y parmesano.

PARA 8-10 PERSONAS | PREPARACIÓN: 5 MINUTOS | COCCIÓN: 3 HORAS Y 15 MINUTOS

2 kg de paletilla de cerdo en filetes

1 apio entero

900 g de cebollitas al vinagre balsámico en conserva

3 cucharaditas colmadas de mezcla de especias (si resulta complicado encontrarla, buscar la receta en internet)

2 latas (de 400 g cada una) de tomates pera

Precalentar el horno a 150 °C. Cortar los filetes por la mitad y sazonarlos con una buena pizca de sal marina y 1 cucharada de pimienta negra. En tandas, ponerlos en una cazuela grande a fuego alto con 2 cucharadas de aceite de oliva y freírlos hasta que estén dorados, removiendo con frecuencia. En cuanto estén listos, pasarlos a un plato. Mientras, limpiar, pelar y picar grueso el apio, reservando en agua fría las hojas interiores de color amarillo pálido. Escurrir las cebollas, partirlas por la mitad y reservar el vinagre balsámico del tarro.

Echar el apio, la mezcla de especias y las cebollas a los jugos de la cazuela junto con 5 cucharadas del vinagre balsámico (reservar el resto; es estupendo para preparar aliños para ensaladas). Dejar que se evapore el vinagre y poner entonces los filetes de cerdo en la cazuela junto con los tomates, rompiéndolos con una cuchara. Añadir 2 latas de agua, llevar a ebullición, tapar y cocinarlo en el horno durante 2 horas. Destaparlo, darle un par de vueltas y seguir horneando 1 hora más o hasta que esté bien tierno. Sazonar al gusto, escurrir las hojas de apio reservadas y disponerlas por encima. Está delicioso acompañado de pan, orzo, puré de patata, polenta o arroz.

CALORÍAS	GRASAS	GR. SAT.	PROTEÍNAS	CARBOH.	AZÚCAR	SAL	FIBRA
484 kcal	29,6 g	9,8 g	48,6 g	6,8 g	6 g	1,7 g	1,8 g

DULCES

CHOCOLATE DE ENSUEÑO DE JOOLS

SEDOSO CHOCOLATE, EL MEJOR CAFÉ, PURA FELICIDAD

El chocolate y el café son ingredientes populares en todo el Mediterráneo y también son los dos placeres favoritos de mi mujer. Así pues, ¿por qué no crear un postre tan pecaminoso como este?

PARA 6 PERSONAS | TIEMPO: 40 MINUTOS, Y ALGO MÁS PARA ENFRIAR

150 g de chocolate negro (70 %)

125 g de mantequilla sin sal

50 ml de un buen café expreso

2 huevos grandes

125 g de azúcar extrafino

Precalentar el horno a 120 °C. Partir el chocolate, ponerlo en un bol que resista el calor, agregar la mantequilla, el café y una buena pizca de sal marina, y ponerlo dentro de un cazo con agua hirviendo a fuego lento para que se derrita muy despacio hasta que quede una textura suave, removiendo con frecuencia. Mientras, batir los huevos con el azúcar hasta que la mezcla adquiera un color amarillo pálido y haya doblado el volumen. Luego, incorporar con movimientos envolventes la mezcla de chocolate.

Poner agua a hervir. Repartir la mezcla entre 6 tacitas de café o ramequines y ponerlos en una bandeja de horno. Meter la bandeja en el horno y, con cuidado, verter agua hirviendo hasta cubrir la mitad de la altura de las tacitas. Hornear durante 20 minutos exactos, sacar la bandeja del horno y dejar que se enfríe en el agua durante 2 horas. Para servir, a veces rallo por encima más chocolate o añado fruta fresca, como cerezas, naranja sanguina o fresas silvestres, con 1 cucharada de yogur o crème fraîche.

CALORÍAS	GRASAS	GR. SAT.	PROTEÍNAS	CARBOH.	AZÚCAR	SAL	FIBRA
400 kcal	26,8 g	15,9 g	3,8 g	38,6 g	38,5 g	0,4 g	0 g

TARTA FÁCIL DE HIGOS

BASE DE FRUTAS DESECADAS Y FRUTOS SECOS, YOGUR DE VAINILLA Y MIEL

Se acabaron las complicaciones a la hora de elaborar un postre espectacular con esta tarta rapidísima y sin cocción: una delicada base de frutas desecadas y frutos secos coronada con yogur, higos y un chorrito de miel.

PARA 8 PERSONAS | TIEMPO: 10 MINUTOS, MÁS REFRIGERACIÓN

300 g de cóctel de frutos secos y fruta desecada de calidad

500 g de yogur griego

1 cucharadita de pasta de vainilla

1 cucharadita de miel líquida, y un poco más para rociar

4 higos maduros

Forrar un molde de base desmontable de 20 cm con papel de horno. Echar el cóctel en un robot de cocina y triturarlo hasta que la textura quede fina y un poco pegajosa (tiene que ser fácil de moldear con las manos). Luego, poner la mezcla en la base del molde extendiéndola hasta que la base quede forrada y cubra 2,5 cm de altura por los lados. Poner el molde en el congelador durante 1 hora para que quede firme. Pasado ese tiempo, mezclar el yogur con la vainilla y 1 cucharadita de miel y verterlo sobre la base enfriada. Congelarlo 1 hora más o hasta que esté ligeramente firme. Desmoldar la tarta, cortar los higos por la mitad o en cuartos, disponerlos por encima y regarla generosamente con miel como toque final.

CALORÍAS	GRASAS	GR. SAT.	PROTEÍNAS	CARBOH.	AZÚCAR	SAL	FIBRA
272 kcal	16,3 g	4,7 g	7,2 g	23,3 g	22,6 g	0,1 g	2,5 g

ORGANIC
Vanilla

TARTA DE MANZANA

GLASEADO DE ALBARICOQUE, ALMENDRAS FILETEADAS Y HELADO

Inspirada en las clásicas tartaletas francesas de las pastelerías, en esta receta he usado hojaldre ya preparado por ser más práctico. Se acompaña de helado de vainilla y es un buen as bajo la manga para impresionar a los invitados.

PARA 8 PERSONAS | TIEMPO: 50 MINUTOS

320 g de hojaldre preparado (frío)

200 g de mermelada de albaricoque

4 manzanas

1 cucharada de almendras fileteadas

helado de vainilla, para servir

Precalentar el horno a 200 °C. Desenrollar el hojaldre sobre el papel del envoltorio y colocarlo en una bandeja de horno; luego, marcar un borde de 1 cm en todo el contorno (sin llegar a cortar la masa del todo). Calentar la mermelada en un cazo a fuego lento durante 30 segundos para hacerla más líquida, removiendo de vez en cuando. Cortar las manzanas en rodajas muy finas, desechando las pepitas (usar una mandolina con protector si se tiene). Mezclar la manzana con la mermelada de albaricoque y disponerla en capas por dentro del borde del hojaldre, escondiendo por debajo los trozos de manzana que queden mal cortados. Hornear en la parte inferior del horno durante 30 minutos o hasta que la tarta esté bien dorada y cocida; en los últimos 5 minutos, esparcir las almendras por encima. Cortar en porciones y servir con unas bolas de helado de vainilla por encima.

CALORÍAS	GRASAS	GR. SAT.	PROTEÍNAS	CARBOH.	AZÚCAR	SAL	FIBRA
262 kcal	11,1 g	5 g	3,1 g	45 g	21,1 g	0,4 g	1,7 g

APRICOT

FLAN CON MARACUYÁ
CREMA DULCE DE VAINILLA Y FRUTA

A veces no hay nada como un flan de toda la vida. Servir este popular postre con el toque mágico del maracuyá le da un toque fresco y afrutado que aporta un equilibrio perfecto.

PARA 6 PERSONAS | TIEMPO: 1 HORA, MÁS REFRIGERACIÓN

160 g de azúcar extrafino

1 vaina de vainilla

600 ml de leche entera

6 huevos grandes

3 maracuyás maduros

Precalentar el horno a 150 °C y forrar una fuente refractaria honda con papel de horno. Luego, poner dentro 6 ramequines o moldes que puedan ir al horno. Espolvorear 100 g de azúcar en una sartén antiadherente, agregar 3 cucharadas de agua y ponerlo a fuego medio durante unos 8 minutos o hasta obtener un caramelo marrón oscuro, evitando la tentación de removerlo o tocarlo; solo hay que dar vueltas suaves a la sartén de vez en cuando. Rápidamente y con cuidado, repartir el caramelo entre los ramequines. Abrir la vaina de vainilla por la mitad, raspar las semillas y poner tanto la vaina como las semillas en una cacerola con la leche. Llevar casi al punto de ebullición y apagar el fuego. Mientras, poner 2 huevos enteros y 4 yemas en un bol (reservar las claras para hacer merengues otro día) y batirlos con el resto del azúcar durante 1 minuto. Verter despacio la leche caliente sin dejar de remover. Desechar la vaina de vainilla y quitar la espuma que pueda haber en la superficie.

Repartir la mezcla entre los ramequines. Luego, llenar la fuente hasta la mitad con agua hirviendo y hornear 30 minutos o hasta que los flanes hayan cuajado y al introducir un cuchillo afilado salga limpio. Dejarlos en el agua hasta que se enfríen del todo. A continuación, sacarlos de la fuente, taparlos y refrigerarlos al menos 4 horas, a ser posible toda la noche. Para servir, meter la base de cada ramequín en un bol con agua hirviendo durante 1 minuto para soltar los flanes. Luego, pasar un cuchillo por los bordes y darles la vuelta con confianza sobre un plato, sacudiéndolos un poco si fuera necesario para que se acaben de soltar. Antes de servir los flanes, estrujar medio maracuyá por encima de cada uno.

CALORÍAS	GRASAS	GR. SAT.	PROTEÍNAS	CARBOH.	AZÚCAR	SAL	FIBRA
256 kcal	10,1 g	4,2 g	10,6 g	32,9 g	32,9 g	0,3 g	0 g

TARTA DE CREMA DE LIMÓN

HOJALDRE CON CÍTRICOS Y FRAMBUESAS FRESCAS

Muchos postres maravillosos del Mediterráneo celebran la abundancia de los cítricos. He realzado esta tarta de limón añadiendo sabor al hojaldre para crear una textura increíble, como hacen tan bien en Portugal y Francia.

PARA 6 PERSONAS | TIEMPO: 30 MINUTOS

120 g de azúcar glas, y un poco más para espolvorear

320 g de hojaldre preparado (frío)

5 limones (120 ml de zumo en total)

4 huevos grandes

150 g de frambuesas

Precalentar el horno a 190 °C. Espolvorear una superficie limpia de trabajo con azúcar glas y desenrollar encima el hojaldre, desechando el papel. Espolvorear el hojaldre con azúcar glas y rallar fina por encima la piel de 2 limones. Luego, volver a enrollarlo apretando bien y cortarlo en discos de 1 cm. Untar una sartén refractaria antiadherente de 24 cm con aceite de oliva y distribuir los discos de hojaldre por los lados y la base, apretándolos muy bien para crear una base de tarta de una sola pieza. Hornearla en la parte inferior del horno durante 20 minutos o hasta que esté ligeramente dorada.

Mientras, rallar fina la piel de los limones restantes en un bol grande refractario y exprimir en él todo el zumo (se necesitarán 120 ml). Agregar el azúcar y los huevos, batirlo todo y poner el bol sobre un cazo con agua hirviendo a fuego medio. Seguir batiendo sin parar durante unos 10 minutos o hasta que espese y retirarlo del fuego. Verter la crema de limón en la base de hojaldre y poner la tarta unos minutos bajo el gratinador (si los bordes empiezan a tostarse demasiado, taparlos con papel de aluminio). Servir a temperatura ambiente con algunas frambuesas frescas esparcidas por encima y el resto como acompañamiento.

CALORÍAS	GRASAS	GR. SAT.	PROTEÍNAS	CARBOH.	AZÚCAR	SAL	FIBRA
341 kcal	16,8 g	7,5 g	8,1 g	51,3 g	22,7 g	0,6 g	1,6 g

ROCKY ROAD CON FRUTOS SECOS Y TAHINI

NOTAS DE MERMELADA, GALLETAS DESMIGADAS, FRUTAS DESECADAS

Una de las maravillas de viajar es que uno se encuentra con combinaciones de ingredientes increíbles, y parte de la diversión es incorporarlas a tus platos familiares; esta receta se me ocurrió tras viajar a Túnez.

PARA 12 PERSONAS | TIEMPO: 20 MINUTOS, Y ALGO MÁS PARA ENFRIAR

300 g de chocolate negro (70 %)

4 cucharadas de tahini

300 g de cóctel de frutos secos y fruta desecada de calidad

200 g de galletas de mantequilla

2 cucharadas de mermelada de fruta

Poner un bol refractario encima de una cazuela de agua hirviendo a fuego lento, echar el chocolate en trocitos y 3 cucharadas de tahini, y remover de vez en cuando hasta que esté derretido. Mientras, picar grueso la mitad del cóctel de frutas desecadas y frutos secos y todas las galletas, y mezclarlo con el resto del cóctel. Incorporar casi toda esta mezcla al chocolate derretido, reservando un puñadito para decorar luego. Verterlo en una bandeja refractaria forrada con papel de horno (una en la que la mezcla quede con unos 2,5 cm de grosor) y esparcir por encima el puñado reservado de frutas, frutos secos y galletas. Agregar cucharadas de mermelada y el resto del tahini y crear ondas por toda la tableta. Ponerla unas horas en la nevera para que se enfríe, cuaje y se endurezca, antes de trocear y servir.

CALORÍAS	GRASAS	GR. SAT.	PROTEÍNAS	CARBOH.	AZÚCAR	SAL	FIBRA
381 kcal	23,5 g	8,6 g	6,3 g	36,7 g	27,8 g	0,2 g	2,5 g

AL'FEZ
TAHINI

PANNA COTTA DE PISTACHOS

SIROPE DULCE DE NARANJA Y MIEL, GAJOS DE NARANJA Y PISTACHOS MACHACADOS

La panna cotta es uno de los postres italianos más famosos y los de la isla de Sicilia añaden maravillosas notas árabes, que en esta receta creo que se perciben sutilmente.

PARA 8 PERSONAS | TIEMPO: 30 MINUTOS, MÁS REFRIGERACIÓN

3 hojas de gelatina

700 ml de leche entera

200 g de pistachos sin cáscara y sin sal

4 naranjas de zumo grandes

4 cucharadas de miel líquida

Poner las hojas de gelatina en remojo en agua fría hasta que se ablanden. Verter la leche en un cazo y añadir casi todos los pistachos. Pelar 1 naranja, incorporar la piel al cazo junto con 2 cucharadas de miel y mezclar bien. Calentar y, cuando esté a punto de hervir, retirar el cazo del fuego y dejar enfriar 10 minutos. Retirar la piel de naranja y verter la mezcla de leche en el vaso de la batidora. Escurrir bien las hojas de gelatina, echarlas a la batidora y dejar que se disuelvan. Luego, triturar durante 3 minutos o hasta que adquiera una textura sedosa. Verter en 8 moldes o vasos pequeños. Taparlo y refrigerar al menos 5 horas o hasta que cuaje.

Mientras, exprimir 2 naranjas en un cazo y cortar en gajos las otras 2. Echar 2 cucharadas de miel en el cazo y reducirlo a fuego medio hasta obtener un sirope ligero (unos 7 minutos). Machacar el resto de los pistachos. A la hora de emplatar, darle la vuelta a cada panna cotta en un plato de postre; para ello, lo más fácil es meter con cuidado cada molde en un bol con agua hirviendo durante unos 10 segundos o hasta que se suelten. Luego, poner el plato encima y darles la vuelta con confianza. Servir los panna cotta acompañados de los gajos de naranja, el sirope y los pistachos.

CALORÍAS	GRASAS	GR. SAT.	PROTEÍNAS	CARBOH.	AZÚCAR	SAL	FIBRA
255 kcal	16,7 g	3,8 g	10,6 g	16,5 g	16 g	0,1 g	1,6 g

FALSA BAKLAVA

CRUJIENTE PASTA FILO, FIDEOS DE ARROZ, FRUTOS SECOS, NARANJA Y MIEL

He tenido el privilegio de probar baklavas de todo tipo y sabores maravillosos, y este es mi homenaje. He utilizado un método sencillo y 5 ingredientes cotidianos para obtener el máximo sabor y textura.

PARA 10-12 PERSONAS | TIEMPO: 45 MINUTOS, Y ALGO MÁS PARA ENFRIAR

3 naranjas de zumo grandes

340 g de miel líquida

2 nidos de fideos de arroz finos (100 g)

300 g de cóctel de frutos secos y fruta desecada de calidad

1 paquete (de 270 g) de pasta filo

Rallar muy fina la mitad de la piel de una naranja en una sartén antiadherente grande y verter en ella todo el zumo. Agregar la miel y ponerla a fuego medio hasta que alcance una consistencia almibarada, moviendo la sartén en círculos de vez en cuando (con cuidado, pues estará muy caliente). Dejarlo enfriar. Precalentar el horno a 170 °C. Cubrir los fideos con agua hirviendo para ablandarlos. Luego, escurrirlos y apretarlos un poco para quitar toda el agua sobrante posible. Mientras, echar la mitad del cóctel en un robot de cocina y triturarlo hasta que la textura quede muy fina; luego, añadir el resto y triturar con solo algunas pulsaciones: la idea es que quede una textura entre fina y gruesa. Reservar un puñadito de esta mezcla, verter los fideos en el robot y pulsar unas pocas veces. Engrasar una sartén refractaria antiadherente de 30 cm con aceite de oliva, untar ligeramente la mitad de las hojas de pasta filo también con aceite y disponerlas en la sartén dejando que cuelguen por fuera. Repartir por encima de manera uniforme la mezcla de fideos y cóctel. Luego, untar ligeramente con aceite las demás hojas de pasta filo, colocarlas encima y meter los bordes hacia dentro, apretando bien para dejarlo compacto; no hace falta que quede muy pulcro. Con cuidado, marcar unos cortes como se desee hacer luego las porciones, hornearlo 30 minutos y, en los últimos 5 minutos, echar por encima el cóctel de frutos reservado.

Sacarlo del horno. Con una espátula, aplastar un poco la baklava, verter el sirope por encima de manera uniforme y dejarla enfriar 2 horas. A la hora de servir, poner la sartén a fuego muy suave para soltar la baklava. Se puede servir directamente de la sartén o darle la vuelta sobre una tabla de cortar.

CALORÍAS	GRASAS	GR. SAT.	PROTEÍNAS	CARBOH.	AZÚCAR	SAL	FIBRA
332 kcal	9,2 g	1,5 g	6,7 g	58,5 g	30,8 g	0,2 g	1,9 g

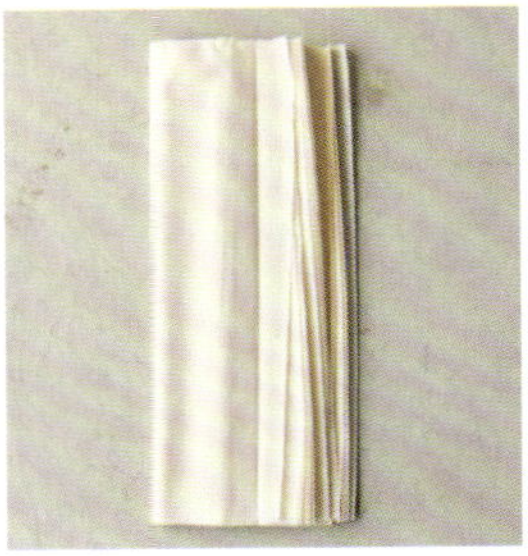

SORBETE DE LIMÓN

GALLETAS AMARETTI DESMIGADAS, SALSA DE MORAS

Bajo el sol abrasador del Mediterráneo tal vez no haya nada más refrescante que un postre helado, y esta es una interesante receta donde los cítricos les dan a los lácteos un maravilloso punto ácido. ¡Buenísimo!

PARA 6 PERSONAS | TIEMPO: 10 MINUTOS, MÁS CONGELACIÓN

5 limones (200 ml de zumo en total)

1 lata (de 397 g) de leche condensada

2 cucharadas de crème fraîche

150 g de moras

70 g de galletas amaretti

Rallar fina la piel de los limones sobre una bandeja y dejarla secar; se usará para decorar. Exprimir todo el zumo en un bol (se necesitarán 200 ml), desechando las semillas. Agregar casi toda la leche condensada, la crème fraîche y 250 ml de agua; luego, pasarlo a un recipiente para congelar o a un molde rectangular grande y taparlo. Meterlo en el congelador 4 horas; luego, triturarlo en un robot de cocina y congelarlo de nuevo hasta que tenga una consistencia como para sacarlo a cucharadas.

Para servirlo, triturar las moras con el resto de la leche condensada hasta obtener una textura muy fina, diluyendo la consistencia con un poco de agua si fuera necesario. Triturar muy finas las galletas amaretti, echarlas con una cuchara en los platos de servir y poner encima una bola del sorbete de limón. Esparcir por encima la ralladura de limón reservada y acompañarlo con la salsa de moras.

CALORÍAS	GRASAS	GR. SAT.	PROTEÍNAS	CARBOH.	AZÚCAR	SAL	FIBRA
284 kcal	9,8 g	4,9 g	7 g	44,3 g	44,1 g	0,2 g	1,5 g

PASTEL DE FIESTA SIN COMPLICACIONES

PANETTONE, REQUESÓN, ONDAS DE CREMA DE LIMÓN, FRESAS

Aquí homenajeo los sabores de la costa amalfitana con una de las mejores recetas de pastel con «trampa». No cuesta nada armarlo y está delicioso: será el protagonista de la mesa y con el mínimo esfuerzo.

PARA 8-10 PERSONAS | TIEMPO: 18 MINUTOS

1 panettone de 750 g

450 g de fresas frescas

500 g de requesón (frío)

1 cucharada de miel líquida

3 cucharadas colmadas de crema de limón

Sacar el panettone del envase y cortar 3 círculos de unos 2,5 cm de grosor (guardar el resto del panettone para ricos desayunos). Rallar muy finas 3 fresas en un bol y mezclarlas con 1 cucharadita de aceite de oliva virgen extra; luego, repartir esta mezcla por un lado de cada uno de los tres círculos y dejar que lo absorban. Batir el requesón en un robot de cocina con la miel hasta que adquiera una textura sedosa, repartirlo entre los círculos y crear unas ondas en cada uno con crema de limón (antes, revolver un poco la crema en el tarro para que se suelte un poco la consistencia). Limpiar casi todas las demás fresas (reservando las más bonitas para decorar luego) y cortarlas en rodajas finas. Disponerlas sobre dos de las capas. Montar unas capas sobre otras y decorar la parte superior con una mezcla de fresas cortadas y enteras. Enfriar en la nevera hasta el momento de servir.

NOTA

Para elaborar algo aún más especial, verter un cuarto de un tarro de miel (unos 100 g) en un cazo y ponerlo a fuego medio. Dejar que borbotee hasta obtener un caramelo oscuro (¡sin tocarlo en ningún momento!). Dejarlo que se enfríe durante 5 minutos. Luego, sumergir con cuidado fresas enteras, sosteniéndolas sobre el cazo para que la miel gotee y cree hilos de caramelo. Dejarlas enfriar boca arriba en papel de horno (para que no se peguen) y usarlas luego para decorar el pastel. Para limpiar el cazo sin mucho esfuerzo, verter 2,5 cm de agua, taparlo y dejar hervir a fuego lento 5 minutos.

CALORÍAS	GRASAS	GR. SAT.	PROTEÍNAS	CARBOH.	AZÚCAR	SAL	FIBRA
464 kcal	18,6 g	11,7 g	13 g	60,6 g	32,8 g	0,8 g	4,3 g

TARTA DE ALBARICOQUES AL HORNO

MERENGUE A LA MIEL, ALMENDRAS FILETEADAS E HILOS DE CHOCOLATE NEGRO

Me encanta sacar partido de las frutas de hueso, en este caso albaricoques, aunque los melocotones, las ciruelas o las cerezas quedarían igual de bien. Lleva una versión de mazapán y merengue de inspiración francesa… ¡El postre perfecto!

PARA 8 PERSONAS | TIEMPO: 40 MINUTOS

300 g de almendras fileteadas

2 latas (de 411 g) de mitades de albaricoque en su jugo

250 g de miel líquida

3 huevos grandes

50 g de chocolate negro (70 %)

Precalentar el horno a 180 °C. Poner 270 g de almendras fileteadas en un robot de cocina y triturarlas hasta que estén muy finas. Escurrir los albaricoques, reservando el líquido de la conserva, y poner la fruta en una fuente para el horno grande. Verter el líquido de la conserva en el robot de cocina y agregar 100 g de miel y 3 cucharadas de aceite de oliva. Separar los huevos, añadir las yemas al robot (reservando las claras para después) y triturarlo hasta que esté uniforme. Verter la mezcla de manera uniforme por encima de los albaricoques y hornear 25 minutos.

Cuando falten 10 minutos para que la tarta esté lista, echar una pizca de sal marina a las claras y montarlas con las varillas del robot de cocina hasta que estén a punto de nieve. Calentar el resto de la miel con 1 cucharada de agua en un cazo a fuego medio hasta que hierva. Con el robot de cocina aún en marcha a alta velocidad, verter con cuidado y despacio la miel hirviendo sobre las claras. Una vez incorporada, seguir batiendo durante 6 minutos o hasta que el bol se note frío. Sacar la tarta del horno, echar por encima el merengue a cucharadas y esparcir por encima las almendras reservadas. Hornear 5 minutos más. Mientras, derretir el chocolate sobre un cazo con agua hirviendo y echarlo dibujando hilos por encima de la tarta.

CALORÍAS	GRASAS	GR. SAT.	PROTEÍNAS	CARBOH.	AZÚCAR	SAL	FIBRA
440 kcal	29,5 g	3,8 g	11,2 g	34,5 g	33,4 g	0,3 g	0,5 g

PAN DULCE DE DESAYUNO

CON BOMBAS DE MERMELADA Y YOGUR FILTRADO

Esta receta, inspirada en los deliciosos panes dulces que devoré en Marsella, es ideal para el desayuno o un *brunch*. No es una tradición francesa, pero así es Marsella: un crisol de bellas culturas.

PARA 10 PERSONAS | TIEMPO: 2 HORAS Y 45 MINUTOS

7 g de levadura seca

500 g de yogur natural

50 g de mantequilla sin sal (a temperatura ambiente)

500 g de harina de fuerza

185 g de la mermelada de fruta que se prefiera

En una jarra, mezclar la levadura con 300 ml de agua tibia. Agregar 50 g de yogur, cortar en trozos y añadir la mitad de la mantequilla, mezclar bien y reservar unos minutos. Poner la harina y 1 cucharadita de sal marina en un bol grande y hacer un volcán en el centro. Luego, verter poco a poco la mezcla de levadura en el volcán, removiendo e incorporando la harina desde el exterior con un tenedor para formar una masa. Amasar sobre una superficie espolvoreada con harina durante 10 minutos o hasta que esté suave y elástica. Cubrir la masa con un paño limpio y húmedo, y dejarla reposar en un lugar cálido 1 hora o hasta que duplique su tamaño. Mientras, forrar un colador con unos trozos de papel de cocina, verter el resto del yogur y, a continuación, levantar el papel y presionar suavemente para que el líquido empiece a escurrir sobre un bol. Dejar reposar en la nevera.

Sacar el aire de la masa golpeándola con el puño, ponerla en una sartén refractaria antiadherente de 30 cm ligeramente engrasada y estirarla para que ocupe toda la sartén. Con las manos enharinadas, hacer unos huecos por toda la superficie hundiendo los dedos. Luego, poner cucharaditas de mermelada en los huecos y dejarla leudar 1 hora más. Precalentar el horno a 180 °C y hornear el pan durante 25 minutos o hasta que esté dorado y bien cocido. Untar por encima el resto de la mantequilla y dejar que se derrita. Luego, pasarlo a una tabla de cortar para dividirlo en porciones. Servirlo acompañado del yogur filtrado.

CALORÍAS	GRASAS	GR. SAT.	PROTEÍNAS	CARBOH.	AZÚCAR	SAL	FIBRA
293 kcal	6,9 g	4,1 g	8,4 g	51,6 g	12,5 g	0,5 g	1,9 g

POLOS CON ESTILO

ARROZ CON LECHE, FRESAS, AGUA DE ROSAS, CHOCOLATE Y CONFITES

Cuando estuve investigando en Túnez hacía un calor tremendo, y esta receta se inspira en algunos de los puestos callejeros que elaboraban unos polos increíbles. Esta es mi versión con frutas.

PARA 6-8 PERSONAS (EN FUNCIÓN DEL MOLDE) | TIEMPO: 15 MINUTOS, MÁS CONGELACIÓN

1 lata (de 400 g) de arroz con leche

300 g de fresas muy maduras

½ cucharadita de agua de rosas

100 g de chocolate con leche

1 cucharada de las decoraciones que se prefieran, como confites o pistachos machacados

Verter el arroz con leche en el vaso de la batidora y triturarlo hasta que esté homogéneo. Echar la mitad en un bol, repartir el resto entre los moldes para helado y meterlos en el congelador. Limpiar las fresas y triturarlas en la batidora (primero, darle un aclarado rápido) junto con el agua de rosas hasta obtener una textura fina. Agregar la mitad de las fresas al resto del arroz con leche y, en cuanto la primera capa esté firme, verterlo con cuidado en los moldes. Insertar los palos de helado y congelar de nuevo. En cuanto la segunda capa esté firme, verter el resto de la mezcla de fresas y dejar en el congelador toda la noche. A la hora de servir, sacar los polos del congelador y extraerlos con cuidado de los moldes. Derretir suavemente el chocolate. Se pueden sumergir los polos en él o regarlos con hilos de chocolate. Terminar con las decoraciones que se prefieran.

CALORÍAS	GRASAS	GR. SAT.	PROTEÍNAS	CARBOH.	AZÚCAR	SAL	FIBRA
186 kcal	6,5 g	3,8 g	4,3 g	29,1 g	22,3 g	0,1 g	2,3 g

TESCO
RICE
PUDDING

TARTA DE QUESO AL HORNO
QUESO CREMA Y PASTA DE VAINILLA

Inspirada en las apreciadas tartas de queso al horno que cocinan en muchas partes del Mediterráneo, este sabroso postre es facilísimo de elaborar y el resultado final es impresionante.

PARA 12 PERSONAS | PREP: 10 MINUTOS | COCCIÓN: 24 MINUTOS, MÁS TIEMPO PARA ENFRIAR

300 g de azúcar glas, y un poco más para espolvorear

4 envases (de 280 g cada uno) de queso crema

5 cucharaditas de pasta de vainilla

5 huevos grandes

70 g de harina

Precalentar el horno a 220 °C. Poner agua a hervir. Forrar la base de un molde desmontable de 23 cm con un círculo de papel de horno. Untar los lados del molde con un poco de aceite de oliva y espolvorearlos ligeramente con azúcar glas. Tamizar 300 g de azúcar glas sobre un bol grande y batirlo con el queso crema y la vainilla hasta que esté uniforme. Luego incorporar los huevos de uno en uno y, por último, tamizar e incorporar la harina. Verter la mezcla en el molde, envolver la base con papel de aluminio por si no fuera del todo hermética, ponerlo en una fuente para el horno honda y, con cuidado, verter agua hirviendo hasta la mitad de la altura de la fuente. Hornear en el estante superior del horno durante 20 minutos o hasta que esté dorado y empiece a cuajarse en el centro, pero todavía tiemble ligeramente. Dejar enfriar en el agua durante 15 minutos; luego sacar el molde de la fuente y dejarlo enfriar por completo. Taparlo y refrigerar al menos durante 4 horas antes de cortar las porciones. Esta tarta está deliciosa con fruta fresca de temporada.

CALORÍAS	GRASAS	GR. SAT.	PROTEÍNAS	CARBOH.	AZÚCAR	SAL	FIBRA
419 kcal	28,3 g	18,5 g	7,9 g	24,6 g	29 g	0,6 g	1,6 g

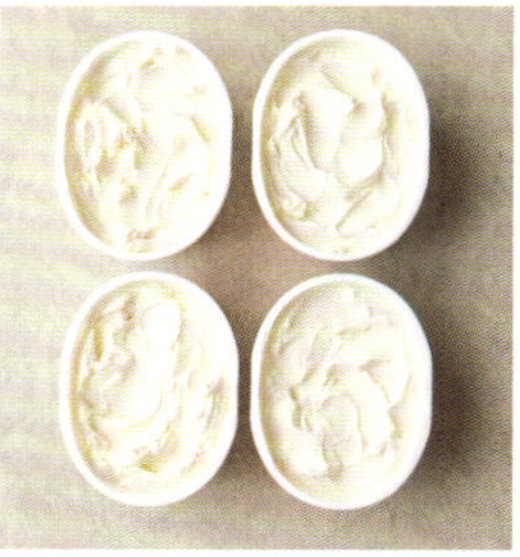

ORGANIC
Vanilla Bean
PASTE

GRANIZADO FÁCIL DE MELOCOTÓN

VAINILLA DULCE, MENTA FRESCA, YOGUR Y VODKA

Este es uno de los postres más fáciles y refrescantes que se pueden elaborar y, salvo por el alcohol, es de lo más saludable. Se puede probar también con ciruelas, fresas, frambuesas, melón o las combinaciones que se prefieran.

PARA 6 PERSONAS | TIEMPO: 6 MINUTOS, MÁS CONGELACIÓN

2 melocotones maduros o 410 g de mitades de melocotón en su jugo

3 ramitas de menta fresca

2 cucharaditas de pasta de vainilla, y un poco más para servir

500 g de yogur griego

150 ml de vodka o grappa

Cortar en rodajas los melocotones (antes, pelarlos y deshuesarlos si se usan frescos o escurrirlos si se usan en conserva), disponer las rodajas planas en una bolsa de plástico con autocierre y, congelarlas, toda la noche. Al ir a servir el granizado, echar las rodajas de melocotón en un robot de cocina y triturarlas con un par de hojitas de menta y la pasta de vainilla. Para servir, repartir el yogur entre seis boles enfriados en la nevera, disponer cucharadas de granizado por encima, deshojar el resto de la menta y regar con un chorrito más de pasta de vainilla. Servir con un chupito bien frío y un poco más de melocotón si se desea.

CALORÍAS	GRASAS	GR. SAT.	PROTEÍNAS	CARBOH.	AZÚCAR	SAL	FIBRA
187 kcal	8 g	4,9 g	4,4 g	10,9 g	10,8 g	0,2 g	0,8 g

ORGANIC
Vanilla Bean

TENTADOR SEMIFRÍO DE AVELLANAS

CHOCOLATE AL CARAMELO, GUINDAS Y AVELLANAS

Este postre, que sale riquísimo, es ideal para elaborar en casa y más fácil que hacer helado: se puede preparar con semanas de antelación y experimentar con los sabores que se prefieran.

PARA 12 PERSONAS | TIEMPO: 15 MINUTOS, MÁS CONGELACIÓN

5 barritas Crunchie de 40 g (refrigeradas)

200 g de guindas confitadas

100 g de avellanas escaldadas

4 huevos grandes

600 ml de nata (48 % de contenido en grasa)

Poner un plato de servir de 30 cm en el congelador. Triturar bien las barritas Crunchie y cortar finas las guindas. Tostar las avellanas en una sartén en seco hasta que estén bien doradas y, a continuación, picarlas finas o machacarlas. Separar las yemas de las claras, echando las claras en un bol y las yemas en otro. Con unas varillas muy limpias, montar las claras con una pizca de sal marina a punto de nieve. En otro bol, batir la nata hasta que se formen picos suaves (es decir, cuando haya espesado un poco, pero es importante no batir en exceso). Batir las yemas e incorporarlas poco a poco en las claras montadas seguidas de la nata, procurando que se conserve la mayor cantidad de aire posible. Incorporar las barritas Crunchie trituradas, las guindas y las avellanas, verterlo en el plato de servir congelado, taparlo y congelarlo durante al menos 4 horas o hasta que esté firme (se conservará 2 semanas en el congelador).

Unas 2 horas antes de servirlo, pasar el semifrío del congelador a la nevera para que vaya descongelándose despacio y obtener un postre semicongelado (*semi-freddo*); hay que conseguir una textura similar a la del helado. Al servirlo, se puede decorar con algunos de los mismos ingredientes que lleva espolvoreados por encima.

CALORÍAS	GRASAS	GR. SAT.	PROTEÍNAS	CARBOH.	AZÚCAR	SAL	FIBRA
435 kcal	35,5 g	18,4 g	4,9 g	24,6 g	22,9 g	0,3 g	0,9 g

NOTAS ÚTILES SOBRE COCINA

APOSTAR POR LA CALIDAD Y LOS PRODUCTOS DE TEMPORADA

Usar ingredientes de calidad se reflejará en el éxito de las recetas. Estas no requieren demasiados ingredientes, lo que es una buena excusa para comprar lo mejor que encuentres, ya sea carne, pescado o verduras. Si compras los productos de temporada, tu comida será más rica y más asequible. En cuanto a las frutas y verduras, lávalas bien antes de empezar a cocinar, sobre todo si las usas crudas.

Los ingredientes en los que se nota la diferencia en cuanto a sabor si se eligen los de mejor calidad son, sobre todo, chorizo, salchichas, morcilla, queso, judías y garbanzos en conserva, tomates pera en conserva, sal marina y chocolate negro.

HABLEMOS DEL PESCADO Y EL MARISCO

El pescado y el marisco son una fuente de proteínas deliciosa, pero desde el mismo momento en que se pescan, su calidad empieza a disminuir; por tanto, procura que entre la compra y el consumo transcurra el menor tiempo posible. No aconsejo guardarlos en el frigorífico durante días; en ese caso, es mejor comprarlos congelados. Mi recomendación es planificar las comidas con pescado y marisco en función de los días en los que vas a comprar.

Siempre que puedas, elige pescados procedentes de la pesca sostenible certificada (etiqueta azul MSC) o pide consejo en tu pescadería. Ve variando las opciones y escoge pescados de temporada y sostenibles. Si solo encuentras pescado de piscifactoría, busca la etiqueta ASC (pescado de acuicultura responsable certificada), que garantiza que procede de fuentes responsables.

CARNE Y HUEVOS

Si se apuesta por comer carne, desde luego abogo por prácticas ganaderas que busquen el bienestar animal, que ofrezcan carne ecológica de animales criados en libertad, en un ambiente sin estrés y que hayan tenido una vida saludable. Como todo en la vida, se paga más por la calidad, pero creo que se pueden incluir cortes baratos de carne en los menús semanales con solo un poco de planificación. Si se opta por consumir otras proteínas de calidad, mis recetas con menos carne o vegetarianas darán algunas ideas. Para comprar algunos de los cortes incluidos en este libro deberás ir a una carnicería, algo que no puedo dejar de recomendar: siempre dan buenos consejos, traen cortes especiales por encargo y te darán los pesos exactos que necesitas.

En cuanto a los huevos y cualquier alimento que los contenga, como pasta o mayonesa, siempre de corral o ecológicos.

MÁS LÁCTEOS

Los productos lácteos básicos, como la leche, el yogur y la mantequilla, deben ser ecológicos en la medida de lo posible. A diferencia de la carne, no salen mucho más caros, pero son del todo recomendables. Además, comprando ecológico apuestas por el bienestar de los animales y un mejor cuidado de la tierra.

ORGANIZACIÓN DEL FRIGORÍFICO

A la hora de organizar la nevera, recuerda que la carne y el pescado crudos deben envolverse bien y colocarse en el estante inferior para evitar la contaminación cruzada. Cualquier alimento que esté listo para comer, tanto cocinado como crudo, debe guardarse en un estante superior.

EL CONGELADOR ES TU MEJOR ALIADO

¿Mucho ajetreo en el día a día? Sin lugar a dudas, un congelador bien abastecido será tu mejor aliado, y aquí recojo algunas reglas básicas para utilizarlo bien. Si cocinas grandes cantidades de comida, recuerda dejarla enfriar antes de congelarla. Para ello, divídela en porciones para que se enfríen más rápido y mételas en el congelador antes de que hayan transcurrido dos horas. Comprueba que todo esté bien envuelto y etiquetado para que te sea fácil localizarlo después. Descongélalo en el frigorífico y utilízalo antes de 48 horas. Si has congelado alimentos cocinados, no vuelvas a congelarlos después de haberlos recalentado o descongelado.

Desde el punto de vista nutricional, congelar frutas y verduras poco después de recolectarlas conserva el valor nutritivo de forma muy eficiente, superando a menudo a sus equivalentes frescos que quizá lleven tiempo en la cadena de suministro. En este libro verás que he utilizado verduras congeladas (¡me encantan!) y también bolsas de mezcla de verduras ya preparadas, que aportan variedad, son prácticas y se consiguen fácilmente. Menciono estas pequeñas ideas prácticas porque toda ayuda es poca cuando el tiempo escasea.

SABOR AL MÁXIMO

En este libro uso muchas «bombas de sabor», como yo las llamo, disponibles en la mayoría de los supermercados. Son una forma muy eficaz de añadir sabor al máximo sin perder tiempo. Por ejemplo, las mezclas de especias en polvo y pasta –como ras el hanout, mezcla de especias baharat, pastas de harissa y shawarma–, que potencian el sabor de un plato con un solo ingrediente. Otros ingredientes que también marcan la diferencia en cuanto a sabores son el tahini, el pesto, el tzatziki y la tapenade, así como las bolsas mixtas de frutos secos, frutas desecadas, semillas, aceitunas marinadas (¡sin olvidar los ingredientes de la marinada!) y condimentos más picantes como las salsas de mostaza y guindilla. Con ellos el sabor y la textura están garantizados, educan el paladar y ahorran mucho tiempo de preparación. La mayoría no son perecederos, por lo que no hay prisa por consumirlos enseguida.

LA CLAVE: LAS HIERBAS AROMÁTICAS FRESCAS

Las hierbas son un regalo para cualquier cocinero. En lugar de comprarlas, ¿por qué no las cultivas en tu huerto o en una maceta en el alféizar de una ventana? Con ellas se consigue que un sabor sea protagonista sin necesidad de pasarse con la sazón. Además, aportan todo tipo de cualidades nutricionales increíbles (¡qué más se puede pedir!). Sin olvidar las hierbas secas: no sustituyen a las frescas, simplemente son diferentes. Lo bueno es que siguen conservando un gran valor nutritivo, pero es el cambio radical en el sabor lo que nos resulta útil a los cocineros. Además no son perecederas y es muy práctico tenerlas siempre listas para usar. Las que no suelen faltar en mi despensa son orégano, eneldo, menta y tomillo, entre otras.

HABLEMOS DE LOS UTENSILIOS

El equipo utilizado en este libro es bastante simple: un juego de cacerolas y sartenes antiadherentes refractarias, una plancha, fuentes de asar resistentes y un par de bandejas para el horno. Por supuesto, una tabla de cortar y un buen juego de cuchillos se necesitarán casi en cada receta. Además, hay utensilios de cocina que facilitan la vida: un pelador de verduras, un rallador y un mortero son fantásticos para crear texturas. Un robot de cocina y una batidora siempre serán un plus, sobre todo si tienes poco tiempo.

¿Y EL HORNO?

Todas las recetas se han previsto para hornos con ventilador. En internet se pueden encontrar las equivalencias para hornos convencionales, de gas y en grados Fahrenheit.

UNOS APUNTES DEL EQUIPO DE NUTRICIONISTAS DE JAMIE

Nuestro trabajo consiste en comprobar que todas las recetas de Jamie, por muy creativas que sean, cumplan las pautas que hemos establecido. Cada libro nace de una premisa distinta; la de *5 ingredientes mediterráneos* ha sido darte ideas para cada día de la semana. Salvo el capítulo de dulces, el 70 % son recetas que puedes preparar cada día según nuestras pautas, pero no constituyen una comida completa, por lo que tendrás que añadir lo que les falte. Para que puedas elegir con criterio, en cada receta hemos incluido la información nutricional correspondiente a una porción. También queremos inspirar una forma de comer más sostenible, por lo que el 65 % de las recetas son sin carne o con menos carne (es decir, contienen al menos un 30 % menos de carne que una ración normal).

La comida es divertida, alegre, creativa. Nos proporciona energía y es crucial para mantener la salud. Recuerda que llevar una dieta nutritiva, variada y equilibrada y hacer ejercicio con regularidad son las claves de un estilo de vida saludable. No clasificamos los alimentos en «buenos» y «malos»; hay cabida para todos, pero una dieta desequilibrada puede no ser beneficiosa para la salud. Por eso, es importante entender la diferencia entre los alimentos nutritivos de consumo diario y los ocasionales. Si deseas más información sobre nuestras pautas y sobre cómo analizamos las recetas, visita la web jamieoliver.com/nutrition.

Rozzie Batchelar. Jefa de Nutrición, RNutr (Alimentación)

UNA DIETA EQUILIBRADA

Cuando hablamos de comer bien, el equilibrio es la clave. Si sabes equilibrar tus comidas y mantener las raciones bajo control, estarás en el camino hacia la buena salud. Es importante consumir una gran variedad de alimentos a fin de disponer de los nutrientes que nuestro cuerpo necesita para mantenerse sano. No es imprescindible ser riguroso cada día; solo hay que tratar de conseguir el equilibrio a lo largo de la semana. Como guía general, si la carne y el pescado forman parte de tu dieta, en las comidas principales debes incluir como mínimo dos porciones de pescado a la semana, uno de ellos de pescado azul, y hacer el resto de las comidas principales con verduras, algo de ave de corral y un poco de carne roja. Una dieta vegetariana estricta también puede ser perfectamente sana.

QUÉ ES EL EQUILIBRIO

La guía Eatwell del Gobierno del Reino Unido muestra cómo debería ser una dieta saludable y equilibrada. En esta tabla encontrarás los porcentajes de cada grupo de alimentos que deberías comer en un día.

LOS CINCO GRUPOS DE ALIMENTOS	PORCENTAJE
Fruta y verduras	40 %
Carbohidratos complejos (pan, arroz, patatas, pasta)	38 %
Proteínas (carne magra, pescado, huevos, legumbres, otras fuentes no lácteas)	12 %
Productos lácteos, leche y alternativas a los lácteos	8 %
Grasas no saturadas (como aceites)	1 %
Y NO TE OLVIDES DE BEBER MUCHA AGUA	

Intenta consumir solo ocasionalmente alimentos y bebidas con alto contenido en grasas, sal o azúcar.

FRUTAS Y VERDURAS

Para llevar una vida saludable, las frutas y las verduras deben ocupar un lugar central en tu dieta. Se presentan bajo todo tipo de formas, colores, tamaños, sabores y texturas, y contienen muchas vitaminas y minerales esenciales para que nuestro cuerpo se mantenga sano, por lo que la variedad es la clave. Mezcla tantos alimentos como puedas y que sean de temporada para asegurarte de que están en su mejor momento y son más nutritivos. El mínimo imprescindible es tomar al menos 5 porciones de frutas y verduras cada día (frescas, congeladas o enlatadas) y aumentar esta cantidad siempre que sea posible. 80 g o un puñado grande se considera una porción. También cuentan como una de esas 5 porciones 30 g de fruta deshidratada, 80 g de legumbres o 150 ml de zumo de verdura o fruta, sin azúcar añadido, al día.

CARBOHIDRATOS COMPLEJOS

Nos proporcionan buena parte de la energía necesaria para movernos y para dar a nuestros órganos el combustible que precisan para funcionar. De ser posible, opta por variedades integrales, más ricas en fibra. Para un adulto medio se recomiendan 260 g de carbohidratos al día; un máximo de 90 g pueden proceder de azúcares totales, como los azúcares naturales de las frutas enteras, la leche y los productos lácteos; y un máximo de 30 g de azúcares libres, que son los que se añaden a los alimentos y bebidas, y también el azúcar de la miel, los siropes, los zumos y los batidos de frutas. La fibra también se considera un carbohidrato y se encuentra principalmente en los alimentos de origen vegetal, como los cereales integrales, las frutas y las verduras; ayuda a mantener sano el sistema digestivo y a controlar el nivel de azúcar y colesterol en la sangre. Los adultos deben ingerir 30 g de fibra al día como mínimo.

PROTEÍNAS

Son los ladrillos que componen nuestro cuerpo, y se utilizan para desarrollarlo y repararlo. Procura que tus proteínas sean variadas e incluyan más legumbres y dos raciones de pescado de origen sostenible a la semana (una de ellas pescado azul). En cuanto a la carne, elige cortes magros y reduce el consumo de carnes rojas y procesadas. Las alubias, los guisantes y las lentejas son excelentes alternativas a la carne porque son naturalmente bajos en grasa y, además de proteínas, contienen fibra y algunas vitaminas y minerales. Otras fuentes de proteína nutritivas son el tofu, los huevos, los frutos secos y las semillas. ¡La clave está en la variedad! La cantidad óptima en personas de 19 a 50 es de 45 g al día para las mujeres y 55 g para los hombres.

LÁCTEOS, LECHE Y SUS ALTERNATIVAS

Aportan una gran variedad de nutrientes, pero deben consumirse en las cantidades adecuadas. Es mejor optar por la leche, el yogur y pequeñas cantidades de queso, todo orgánico. Las variedades de bajo contenido en grasa (sin azúcar añadido) también son buenas alternativas. Si se eligen las versiones de origen vegetal, se recomiendan las opciones enriquecidas y sin azúcar añadido, con calcio, yodo y vitamina B12 en la lista de ingredientes, para no perder los nutrientes clave que aportan los lácteos.

GRASAS NO SATURADAS

Se necesitan en pequeñas cantidades, pero tienen que ser saludables. Si es posible, procedentes de fuentes no saturadas, como aceites de oliva y vegetales, frutos secos, semillas, aguacate y pescado azul rico en omega-3. En general, se recomienda que una mujer media no tome más de 70 g de grasa al día (de los que menos de 20 g pueden ser saturadas) y un hombre medio, no más de 90 g (menos de 30 g de saturadas).

BEBE AGUA ABUNDANTE

Para dar lo mejor de ti mismo, debes mantenerte hidratado. ¡El agua es esencial para la vida y para todas las funciones del cuerpo humano! En general, con más de 14 años se necesitan al menos 2 litros al día en el caso de las mujeres y al menos 2,5 litros al día para los hombres.

INFORMACIÓN CALÓRICA Y NUTRICIONAL

Una mujer media necesita 2.000 calorías al día, unas 2.500 en el caso de los hombres. Estas cifras son solo una guía, pues lo que ingerimos debe determinarlo la edad, la constitución, el estilo de vida y el nivel de actividad.

CON CARIÑO, GRACIAS

Creedme cuando os digo que, aunque este es ya mi libro número 27 (¡increíble!), no por ello mi gratitud es menor que en el primer libro. A lo largo de estos años, mi obsesión y dedicación por escribir el mejor libro de cocina posible nunca ha flaqueado, y con el respaldo de mi increíble equipo, muchos de cuyos integrantes han estado conmigo desde el principio, hemos hecho un trabajo extraordinario del que estoy —y deberíais estar— muy orgulloso.

En primer lugar, un gracias enorme a mi talentoso equipo culinario. A la maravillosa Ginny Rolfe, que ha estado conmigo durante todo este periplo; escribir un libro sin ella a mi lado no sería lo mismo. A las fantásticas Maddie Rix, Rachel Young, Ruth Tebby, Sharon Sharpe, Becky Merrick y Helen Martin. A mis fieles escuderos Pete Begg y Bobby Sebire. Y al resto del equipo culinario, Jodene Jordan, Hugo Harrison, Isla Murray, Sophie Mackinnon, Johnny Guselli y George Stocks. Es un placer trabajar con todos vosotros.

No puedo dejar de mencionar a la maravillosa Rozzie Batchelar, en el aspecto nutricional, y a la ilustre Lucinda Cobb en los aspectos más técnicos. Gracias por mantenerme a raya.

En cuanto a los textos, gracias a la encantadora Beth Stroud por tomar las riendas, a Jade Melling, toda una maestra a la hora de revisar pruebas, y a Sumaya Steele y al resto del equipo editorial. Una mención especial a Rebecca Verity, mi editora jefe, que está de baja por maternidad pero vigila desde la distancia, y a su suplente, Rebecca Morten.

Le estoy muy agradecido a mi director creativo, James Verity, por el diseño; como siempre, has hecho un trabajo estupendo. Gracias también a Devon Jeffs y al resto del equipo.

Todo mi cariño para David Loftus, nuestro veterano fotógrafo: como siempre, gracias, y también a Richard Bowyer por su asistencia. Una mención también para Chris Terry por los retratos y fotografías de viajes, y a Konstantinos Sofikitis, Samy Frihka y Edwidge Lamy por el precioso reportaje fotográfico.

Un agradecimiento infinito a mi familia de Penguin Random House, que siempre me han apoyado y son unos trabajadores natos. A Tom Weldon, Louise Moore, Elizabeth Smith, Clare Parker, Tom Troughton, Ella Watkins, Kallie Townsend, Juliette Butler, Katherine Tibbals, Lee Motley, Sarah Fraser, Nick Lowndes, Christina Ellicott, Sophie Marston, Laura Garrod, Kelly Mason, Emma Carter, Hannah Padgham, Chris Wyatt, Tracy Orchard, Chantal Noel, Catherine Wood, Anjali Nathani, Kate Reiners, Tyra Burr, Joanna Whitehead, Madeleine Stephenson, Lee-Anne Williams, Jessica Meredeen, Sarah Porter, Grace Dellar, Stuart Anderson, Anna Curvis, Akua Akowuah, Samantha Waide y Carrie Anderson. También a Annie Lee, Jill Cole, Emma Horton y Ruth Ellis.

Mi sincero cariño para el equipo de Jamie Oliver oficial: sois estupendos. Una mención especial para quienes han contribuido más de cerca a la producción y la promoción de este libro: a mis maestras del marketing Rosalind Godber y Michelle Dam, y a Tamsyn Zeitsman en relaciones públicas. A Bryony Palmer y al resto del equipo social, a Rich Herd y al equipo de producción de vídeo (VPU), y al inquebrantable equipo financiero, en especial a Pamela Lovelock, a la encantadora Therese MacDermott y a John Dewar, que trabajan incansablemente en segundo plano. Todo mi cariño para Giovanna Milia y el equipo legal, y también a los equipos de personal, operaciones, promoción y distribución, e infraestructura. Como siempre, gracias por vuestro arduo trabajo y dedicación. Todo mi reconocimiento para mi entusiasta equipo de catadores de la oficina: gracias por vuestra diligencia.

Gracias a mi director ejecutivo, Kevin Styles, a la subdirectora Louise Holland, a la directora de comunicación, la incondicional Zoe Collins, y a mi asistente ejecutiva, la atenta Ali Solway.

Gracias también a Izzeldin A. Bukhari y a Georgina Hayden por las conversaciones sobre comida y la inspiración. Y gracias a los ceramistas de Alanda Wilson Ceramics y Sytch Farm Studios, cuyo talento es increíble; me encanta encontrar nuevos platos y vajillas y coleccionarlos, y los vuestros son sencillamente preciosos.

En cuanto al programa de televisión, gracias por vuestro duro trabajo y por los magníficos recuerdos. A Sean Moxhay, Sam Beddoes, Katie Millard, Jamie Hammick, Sarah Durdin Roberston, Ben Prager, Renzo Luzardo, Tanya Cook y Mee-ling Ho. También me gustaría dar las gracias a los magníficos equipos de reparadores locales de cada una de nuestras ubicaciones. A Tobie Tripp por la música y al equipo de Channel 4 y también de Fremantle.

Y, por supuesto, a mi preciosa familia por vuestro constante apoyo.

Os quiero a todos.

ÍNDICE

Las recetas marcadas con una V son aptas para vegetarianos. En algunos casos tendrás que sustituir el queso, como por ejemplo el parmesano, para una alternativa vegetariana.

A

B

C

D

E

F

G

H

I

J

N

Ñ

O

P

Q

R

S

T

U

V

Y

Z

Para obtener una lista de todas las recetas vegetarianas, veganas, sin lácteos o sin gluten de este libro, consulta:

jamieoliver.com/5ingredientsmed/reference

LIBROS DE JAMIE OLIVER

1 La cocina de Jamie Oliver *2002*

2 La cocina italiana de Jamie *2005*

3 En casa con Jamie *2007*

4 La escuela de cocina *2009*

5 Las escapadas de Jamie *2010*

6 Las comidas en 30 minutos de Jamie *2010*

7 Las comidas de Jamie en 15 minutos *2012*

8 Ahorra con Jamie *2013*

9 Comfort Food *2014*

10 Recetas sanas para cada día *2015*

11 Cocina sana en familia *2016*

12 5 ingredientes *2017*

13 Jamie cocina en Italia *2018*

14 Veg *2019*

15 7 ideas *2020*

16 Comer juntos *2021*

17 Uno *2022*

18 5 ingredientes mediterráneos *2023*

¿QUIERES MÁS?

Para encontrar consejos prácticos sobre nutrición, así como vídeos, artículos, sugerencias, trucos e ideas sobre diversos temas, montones de recetas fantásticas y mucho más, consulta:

JAMIEOLIVER.COM #5INGREDIENTSMED

Papel certificado por el Forest Stewardship Council®

Título original: *5 Ingredients Mediterranean*

Publicado por primera vez en el Reino Unido en 2023 por Michael Joseph.
Michael Joseph forma parte del grupo de empresas Penguin Random House.

Primera edición: noviembre de 2023

© 2023, Jamie Oliver
© 2023, Penguin Random House Grupo Editorial, S. A. U.
Travessera de Gràcia, 47-49. 08021 Barcelona
© 2023, Rosa Plana Castillón, por la traducción

© 2023, Jamie Oliver Enterprises Limited, por la fotografía de la receta de la cubierta
© 2023, Chris Terry, por el retrato fotográfico
© 2007, P22 Underground Pro Demi. All Rights Reserved, P22 Type Foundary, Inc. Todos los derechos reservados
© 2023, David Loftus, por la fotografía de la cubierta y de la receta
© 2023, Chris Terry, por el retrato fotográfico de las páginas 2, 6-7, 12, 174-175, 320 y contraportada
© 2023, Chris Terry, Jamie Oliver, Konstantinos Sofikitis, Samy Frikha y Edwidge Lamy,
por las fotografías de viaje de las páginas 11-12, 70-71, 150-151, 230-231
Diseño: Jamie Oliver Limited
Reproducción del color: Altaimage Ltd

Penguin Random House Grupo Editorial apoya la protección del *copyright*.
El *copyright* estimula la creatividad, defiende la diversidad en el ámbito de las ideas y el conocimiento, promueve la libre expresión y favorece una cultura viva. Gracias por comprar una edición autorizada de este libro y por respetar las leyes del *copyright* al no reproducir, escanear ni distribuir ninguna parte de esta obra por ningún medio sin permiso. Al hacerlo está respaldando a los autores y permitiendo que PRHGE continúe publicando libros para todos los lectores.
Diríjase a CEDRO (Centro Español de Derechos Reprográficos, http://www.cedro.org) si necesita fotocopiar o escanear algún fragmento de esta obra.

Impreso en Italia por Graphicom S. p. A.

ISBN: 978-84-253-6433-4
Depósito legal: B-13.827-2023

Compuesto en M. I. Maquetación, S. L.

GR 6 4 3 3 4
www.jamieoliver.com

MIX
Paper | Supporting responsible forestry
FSC® C018179

Penguin Random House Grupo Editorial